CRÉER UN COURS EN LIGNE

Éditions d'Organisation
Groupe Eyrolles
61, bd Saint-Germain
75240 Paris Cedex 05

www.editions-organisation.com
www.editions-eyrolles.com

© Groupe Eyrolles, 2006, 2008
ISBN : 978-2-212-54153-3

Anne DELABY

CRÉER UN COURS EN LIGNE

Deuxième édition

EYROLLES

Éditions d'Organisation

Sommaire

Introduction

Après quelques années d'euphorie, durant lesquelles on a annoncé l'ère de l'enseignement «tout virtuel», où l'individu allait «s'autoformer» en toute liberté, grâce à internet et à ses formidables possibilités d'accès au savoir et à l'information, le temps du réalisme pragmatique est arrivé.

Cette vision de la formation a évolué. D'une part, l'information disponible sur internet n'est pas organisée dans une perspective de formation. Il est nécessaire de mettre à la disposition des élèves des contenus articulés selon une logique d'apprentissage. D'autre part, mettre à disposition des supports de formation ne suffit pas pour qu'il y ait apprentissage : un cours disponible sur internet est un moyen qui, comme tout moyen, doit s'intégrer à un dispositif de formation. Dans ce cadre, le formateur garde une place primordiale, celle de chef d'orchestre du processus de formation. Même si son rôle est en pleine évolution, il reste présent, physiquement, ou grâce à différents moyens de communication.

Suivre un cours en ligne, une formation e-learning, utiliser un site de e-formation, un site d'autoformation, toute cette terminologie repose sur un même concept : un élève est devant un écran d'ordinateur pour apprendre. Il utilise un site web dédié à la formation, construit selon une logique d'apprentissage, pour atteindre un objectif pédagogique.

Lors du processus de création d'un cours en ligne, gardez bien à l'esprit que le fond prime sur la forme : la qualité pédagogique d'un cours en ligne est plus importante que la prouesse technologique ou graphique. D'ailleurs, des outils logiciels existent, qui permettent au formateur-concepteur de réaliser un cours en ligne sans connaissance informatique. Grâce à eux, en s'affranchissant des contraintes techniques, le formateur-concepteur se concentre sur son métier, la pédagogie.

Vous êtes formateur, enseignant, et vous souhaitez vous initier à la création d'un cours en ligne. Ce livre va vous aider tout au long de votre démarche. Pour plus d'efficacité, il s'articule en trois grandes parties.

La première vous présente ce que vous devez savoir avant de vous lancer : les atouts de ce mode de formation, et le concept-clé d'interactivité.

La partie suivante vous montre comment bâtir votre cours en ligne, de façon concrète et pratique, en quatre étapes.

La dernière partie vous apporte des compléments d'information, des ressources à consulter pour approfondir vos compétences de concepteur-réalisateur de cours en ligne.

PREMIÈRE PARTIE

À SAVOIR
AVANT DE VOUS LANCER

1 Quel est l'intérêt d'un cours en ligne ?

QU'ENTEND-ON PAR COURS EN LIGNE ?

C'est le terme **en ligne** qui donne son originalité au cours : l'élève suit un cours en consultant un site web dédié à cela. Un site web est un ensemble organisé de pages, consultables sur un ordinateur, à l'aide d'un logiciel appelé navigateur. Le cours peut être accessible à distance, *via* le réseau internet, ou il peut être consulté sur tout ordinateur relié à un réseau (intranet). Une troisième possibilité est qu'il soit installé sur un support physique de type cédérom.

Le terme **cours** signifie que le site n'est pas organisé comme un classique site web : la plupart des sites sont des sites d'informations. Le cours en ligne, lui, est conçu comme une séquence de formation, selon une logique pédagogique, avec des activités que l'élève doit réaliser pour progresser dans son apprentissage. Dans ce livre, le cours en ligne est imaginé en situation d'**autoformation**, pour permettre à un élève d'apprendre de façon individuelle et à son rythme.

DANS QUELLES CIRCONSTANCES EST-IL INTÉRESSANT DE L'UTILISER ?

En libre-service

Vous enseignez les mathématiques, et vous avez constaté que vos élèves maîtrisent de façon très inégale le concept de proportionnalité. Vous réalisez un site sur ce thème, site accessible sur l'intranet de votre établissement. Des activités variées et progressives, associées à des schémas animés destinés à aider à la compréhension du concept, sont proposées. Les élèves peuvent donc l'utiliser, dans une salle multimédia en libre-service, en dehors des séances de cours habituelles.

Durant les séances de cours

Vous animez des stages de bureautique, dans le cadre de la formation continue. Vos élèves ont des niveaux très hétérogènes, certains débutent dans la pratique d'Excel, d'autres ont besoin de se former à différentes fonctions avancées du logiciel. Vous concevez donc un cours en ligne qui propose, à partir d'une évaluation, un parcours adapté au niveau de l'élève. Ce site est utilisé en cours, vous êtes disponible pour les élèves qui débutent.

Extrait d'un cours en ligne sur Excel

À distance, sur le lieu de travail

Vous enseignez le droit, vos élèves sont en stage en entreprise. Quand ils reviendront en cours, la séquence portera sur le contrat de travail. Les élèves devront arriver en maîtrisant la définition d'un contrat, les caractéristiques et les différentes sortes de contrats. Vos élèves ont des connaissances juridiques très hétérogènes. Vous concevez donc un cours en ligne, qui débute par une évaluation de leurs connaissances. En fonction des résultats, le site oriente l'élève sur des modules d'activités adaptés à ses besoins. Une évaluation finale vérifie que l'élève a atteint les objectifs de la séquence. Les résultats de cette évaluation vous sont communiqués par courrier électronique. Le courrier électronique permet également aux élèves de communiquer avec vous en cas de besoin. Les élèves utilisent le site de formation *via* internet, sur leur lieu de stage.

DANS QUEL SENS FAIT-IL ÉVOLUER LE RÔLE DU FORMATEUR ?

À la lecture de ces différents exemples, vous vous rendez compte que l'acte de formation est transformé : à la différence d'un cours en présentiel de type classique (des élèves dans une salle en présence d'un formateur qui organise les activités pédagogiques), l'élève n'est plus en situation d'écoute face au formateur, il est devant son écran d'ordinateur, où il doit utiliser activement et de façon autonome les ressources organisées à son intention dans un but pédagogique.

Le rôle du formateur dans cette situation est clairement scindé en deux :

- Rôle de **concepteur** du cours en ligne, dont il réalise le scénario pédagogique.

- Rôle de **tuteur** de l'élève, dans des fonctions de suivi et d'accompagnement individuel. Suivant le contexte d'utilisation, le formateur-tuteur peut être physiquement présent si le cours en ligne est utilisé en présentiel, ou virtuellement en contact avec les élèves grâce aux nouvelles technologies de la communication, si la formation s'effectue à distance. L'accompagnement ne porte pas seulement sur les contenus, il peut être technique (apprendre à utiliser l'outil), méthodologique (apprendre à apprendre par soi-même), cela peut être un soutien à la motivation.

On constate donc une évolution du travail du formateur, car les deux rôles décrits ci-dessus peuvent être dévolus à deux personnes différentes.

DANS QUEL BUT S'EN SERVIR ?

Pour former des personnes sans contrainte de lieu et de moment de formation

Un cours en ligne a les avantages de la formation à distance : il permet de s'affranchir des contraintes de temps et de lieu.

L'élève peut travailler **quand** il veut : il va utiliser le cours en ligne suivant ses disponibilités.

Il peut travailler **où** il veut : il lui suffit d'avoir accès à un ordinateur proposant le cours en ligne.

Pour individualiser l'apprentissage

- Possibilité pour l'élève de progresser à son **rythme** : il réfléchit à son gré et consacre le temps nécessaire pour faire les activités demandées.
- Possibilité pour l'élève de **refaire** plusieurs fois la même activité : l'ordinateur peut répéter, sans se lasser, de manière infinie.
- Possibilité de prévoir des itinéraires **différents suivant les acquis et le niveau** de l'élève : rien de plus démotivant pour un élève que de réapprendre ce qu'il sait déjà.
- Possibilité de prévoir des **approches différentes** d'une même notion. Une approche peut partir du général pour aller vers le particulier, et une autre approche fait l'inverse. On commence par la théorie puis on met en pratique, une autre approche procède différemment. C'est en proposant des approches pédagogiques les plus

variées possibles que chaque élève trouvera celles qui le feront progresser dans son apprentissage.

- Possibilité de combiner **différents médias** pour favoriser l'apprentissage de chacun. Un cours en ligne peut apporter des informations sous forme de textes, d'images fixes ou animées, de dessins et graphiques, de sons, de séquences vidéo. La grande variété des moyens de présentation maintient l'intérêt et la curiosité de l'élève.

- Possibilité de prévoir des parcours de formation **adaptés aux erreurs** de l'élève : les réponses fournies par l'élève sont analysées, et en fonction des erreurs/réussites diagnostiquées, le site de formation prévoit des explications et des cheminements adaptés.

Pour favoriser un apprentissage actif

- Possibilité d'**interactivité** entre l'élève et le cours en ligne. L'interactivité est la capacité qu'a le site de réagir aux actions de l'élève. Lors d'une activité, le site sollicite l'élève en lui posant une question, en lui demandant de résoudre un problème, en lui demandant d'agir sur un environnement. Après l'action de l'élève, le site analyse cette action, et lui retourne un résultat adapté : cela peut être une explication correspondant à une éventuelle erreur, l'envoi vers une aide spécifique, vers une activité plus simple ou plus complexe, ou tout autre itinéraire que le concepteur du site aura prévu. Cette interactivité permanente rend donc l'élève actif dans son apprentissage, puisque la progression se fait par l'action. Elle permet aussi une **gestion immédiate et adaptée de l'erreur**, qui a un rôle de diagnostic des difficultés de l'élève, et perd son statut de « faute ».

- Élimination de **facteurs psychologiques bloquants**. Le fait de dialoguer avec un ordinateur permet d'éviter des facteurs psychologiques bloquants susceptibles de se produire au sein d'un groupe : peur du jugement des autres, timidité, peur de prendre la parole devant un groupe, crainte de la sanction.

En bref, on peut dire qu'utiliser un cours en ligne comme mode d'apprentissage combine les avantages de l'enseignement à distance avec ceux de la pédagogie différenciée, enrichis des atouts multimédia d'un ordinateur.

Bien sûr, plus le cours en ligne offre une individualisation fine, une analyse poussée de l'erreur, une multiplicité d'approches d'itinéraires et de multimédia, et plus sa création sera longue et complexe.

Votre produit doit être un compromis entre l'efficacité pédagogique attendue et les ressources techniques, financières, humaines dont vous disposez pour son développement.

Extrait d'un cours en ligne de mathématiques

COMMENT LE CONCEVOIR ET LE RÉALISER ?

Les atouts d'un cours en ligne vous ont convaincu. Mais comment vous y prendre pour le réaliser ?

D'abord respecter les étapes familières de n'importe quelle séquence de formation

Le processus de réalisation d'une séquence de formation vous est familier :

Un formateur, lorsqu'il dispense un cours, sait bien que mettre le contenu de la formation (les savoirs à transmettre) à la disposition de l'élève (sous une forme orale, ou écrite) n'est pas suffisant pour qu'il y ait apprentissage.

C'est pourquoi, avant d'animer une séquence classique en présentiel, il prépare sa séquence et prévoit le déroulement de celle-ci, en respectant plusieurs étapes :

• Analyse de l'environnement d'apprentissage, avec l'étude du contexte dans lequel il va animer sa séquence (public, horaires, lieu, matériel disponible)…

• Détermination des objectifs de la séquence, des contenus associés, des difficultés et obstacles habituellement rencontrés par les élèves.

• Préparation des différentes activités que feront les élèves pour atteindre les objectifs, les évaluations prévues.

• Création du planning de déroulement de la séquence.

Ensuite, prendre en compte les spécificités de ce mode de formation

La réalisation d'un cours en ligne passe par ces mêmes étapes, mais vous vous doutez bien qu'il faut prendre en compte des différences liées à ce mode spécifique de formation.

Dans une séquence en présentiel, le formateur est l'organisateur et l'animateur de la séquence, alors que c'est le cours en ligne qui gère le parcours de l'élève, qui apporte à celui-ci les informations nécessaires au déroulement de sa formation, qui lui fournit les activités à réaliser, qui analyse les réponses données, qui l'évalue. Une des grandes difficultés du travail du concepteur est donc d'**anticiper** les réactions et les difficultés de différents profils d'élèves afin de proposer un itinéraire adapté.

• Alors que le déroulement d'une séquence en présentiel est essentiellement prévu de façon linéaire (même si, à un moment donné, des activités différentes peuvent être proposées aux élèves), un cours en ligne bien conçu présente des itinéraires diversifiés, en fonction de différents paramètres : choix opérés par l'élève, niveau de l'élève, approches différentes d'une même notion pour s'adapter à ce qui convient le mieux à l'élève (par exemple, explication sous la forme d'un schéma, sous la forme d'un fichier son, ou sous la forme de questions/réponses…).

• Les activités prévues sont de nature différente, elles sont **interactives** : le concepteur du site doit donc prévoir les actions demandées aux élèves, et les réactions que le site doit avoir une fois que l'élève a agi.

Le concept d'interactivité, et sa mise en œuvre, sont des éléments fondamentaux dans l'élaboration d'un cours en ligne. Le prochain chapitre lui est donc entièrement consacré.

2 Que recouvre le concept d'interactivité?

Dans une perspective de cours en ligne, une activité interactive est une combinaison d'interactions entre l'ordinateur et l'élève, elle est imaginée et construite dans un objectif d'apprentissage. Ce chapitre a pour but de vous donner une vision plus précise de ce que recouvre le concept d'interactivité, concept qui se concrétise par la mise en œuvre d'interactions entre l'élève et l'ordinateur.

DISTINGUER INTERACTIVITÉ DANS LA NAVIGATION ET INTERACTIVITÉ PÉDAGOGIQUE

L'interactivité se définit donc classiquement comme une communication entre un ordinateur et son utilisateur. Ne croyez pas aux miracles, il ne s'agit pas d'une communication en langage naturel, qui ressemblerait à celui de deux personnes! L'interactivité est en fait la possibilité pour un utilisateur d'intervenir sur le déroulement d'un programme informatique pour en changer le cours.

Dans un site web, c'est la possibilité pour l'utilisateur de naviguer en fonction de ses choix, par des clics sur des liens hypertextes. C'est ce qu'on peut appeler **l'interactivité dans la navigation**.

Dans un objectif de formation, on peut imaginer les possibilités offertes par cette logique de navigation par liens :

• proposer à l'élève de faire un choix parmi plusieurs itinéraires;
  – choisir la partie qu'il souhaite étudier;
  – choisir de refaire un exercice ou de passer à un nouvel exercice;
  – choisir de passer à la page suivante, ou de revoir une animation présente sur la page;
• mettre différents outils à disposition de l'élève : un lexique, une aide, un lien vers la boîte aux lettres du tuteur, l'accès à un forum.

Mais il existe un second type d'interactivité : c'est **l'interactivité pédagogique**. Créer l'interactivité pédagogique, c'est solliciter l'activité mentale de l'élève sur le contenu d'apprentissage, puis analyser son action. Cela se concrétise sous la forme d'une **interaction pédagogique**.

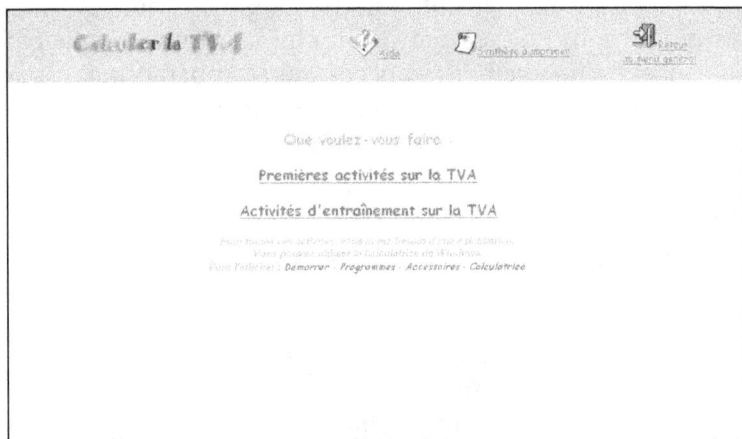

Exemple d'interactivité dans la navigation

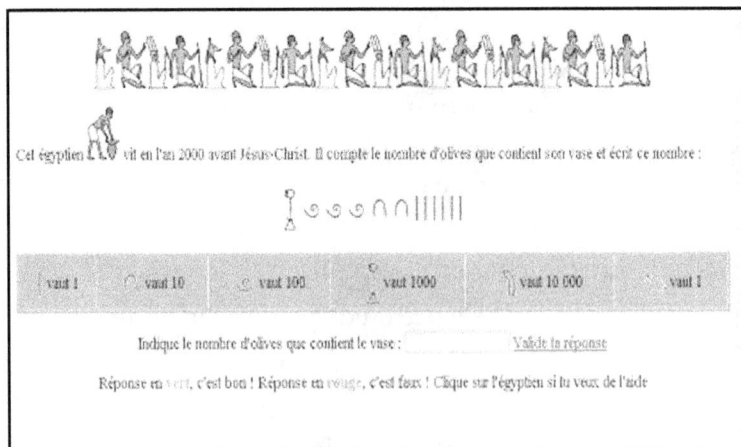

Exemple d'interactivité pédagogique

QUELLES SONT LES ÉTAPES D'UNE INTERACTION PÉDAGOGIQUE EN LIGNE ?

Une interaction pédagogique est un échange d'informations entre le cours en ligne et l'élève, elle se déroule en plusieurs étapes :

Étape 1

Présentation d'informations avec sollicitation de l'élève ⇨ le cours en ligne présente différentes informations à l'élève, et lui demande une action : répondre à une question, faire un choix, entrer des paramètres...

Étape 2

Action de l'élève ⇨ l'élève agit par le biais d'un des périphériques d'entrée à sa disposition (clavier, souris, éventuellement microphone).

Étape 3

Réaction du cours en ligne à l'action de l'élève ⇨ le cours en ligne déclenche la réaction prévue par le concepteur à l'action faite par l'élève. Par exemple, si l'action de l'élève est une réponse tapée au clavier dans le cadre d'un exercice, le cours en ligne compare la réponse donnée par l'élève à toutes les réponses prévues par le concepteur, puis déclenche la réaction correspondant à l'analyse de cette réponse. Cela peut être une explication complémentaire avec retour sur l'exercice, branchement sur une aide spécifique, passage à un autre exercice...

Les interactions pédagogiques peuvent prendre différentes formes, que nous allons détailler, mais la forme de l'interaction ne doit pas être confondue avec l'opération mentale demandée à l'élève, elle n'en est que le support. Le concepteur ne s'interrogera sur la forme d'interaction la plus adéquate à employer que lorsqu'il aura décidé des activités intellectuelles à susciter chez l'élève. Mais pour que vous ayez une idée précise des différentes formes d'interactions pédagogiques, celles-ci sont détaillées maintenant.

OUVERTE OU FERMÉE, QUELLE FORME PEUT PRENDRE UNE INTERACTION PÉDAGOGIQUE EN LIGNE ?

On peut regrouper les formes d'interactions pédagogiques en deux grands types : les interactions de type fermé, dans lesquelles l'élève choisit sa réponse dans un ensemble fini de propositions, et les interactions de type ouvert, où l'élève doit construire sa réponse.

Dans les interactions de type fermé l'élève choisit sa réponse dans un ensemble de propositions

Les éléments composant la réponse sont fournis à l'élève, celui-ci doit donc choisir sa réponse parmi un ensemble fini de propositions. Ce type d'interaction est largement utilisé, notamment pour construire des évaluations, car facile à mettre en œuvre. Il peut également être un moyen d'aider l'élève à observer un schéma, à analyser une situation ou un texte, à préparer l'élève à la résolution d'un problème. La principale critique qui peut être apportée à ce type d'interaction est qu'elle ne fournit pas forcément une mesure fiable des compétences, laissant une grande part au hasard. Mais trois formes d'interactions de type fermé bien conçues peuvent limiter cet inconvénient :

Forme Question à Choix Multiple (QCM) ⇨ on demande à l'élève de choisir sa réponse parmi un ensemble de propositions. L'ensemble des propositions peut être une liste d'expressions, un ensemble d'images, une image contenant plusieurs zones cliquables. La QCM peut être à réponse unique, lorsqu'il n'y a qu'une seule proposition correcte, ou à réponses multiples, lorsque l'élève doit choisir un certain nombre d'éléments pertinents parmi l'ensemble des propositions.

Pour qu'une QCM ait une réelle valeur pédagogique, elle doit être bien conçue :

• prévoir des propositions correspondant à des erreurs classiques, et éviter les propositions fantaisistes que l'élève peut éliminer sans difficulté ;

• éviter les formulations négatives introduisant une difficulté supplémentaire, car l'élève risque de se tromper par mauvaise compréhension de la proposition plus que par ignorance de la réponse ;

• augmenter le nombre de réponses possibles, ce qui permet de diminuer l'impact du hasard.

Interaction de forme QCM à réponse unique

Quizz ▶ *Identifier le tribunal compétent*

Question 5 / 5

Indiquez, parmi ces tribunaux, les juridictions pénales :

☐ Tribunal d'instance
☐ Tribunal de grande instance
☐ Tribunal correctionnel
☐ Conseil de prud'hommes
☐ Tribunal de police
☐ Cour d'assises
☐ Tribunal de commerce

[Valider votre réponse]

Interaction de forme QCM à réponses multiples

Forme Appariement/Association ⇨ l'élève doit mettre en relation des propositions fournies dans deux listes distinctes. Le nombre de réponses possibles étant important, la part du hasard est fortement réduite.

L'interaction sera plus complexe si une proposition de la première liste peut être associée à plusieurs propositions de la seconde, et réciproquement.

Si les deux listes ont le même nombre d'éléments, il faut préciser à l'élève si, à un élément de la première liste correspond un unique élément de la seconde, ou si plusieurs éléments peuvent correspondre.

Si les deux listes sont de longueur différente, il vaut mieux placer la liste la plus longue à gauche, car l'élève a tendance à lire la première proposition de la liste de gauche et chercher son correspondant à droite.

Cette forme d'interaction permet une grande variété de modes de présentation, ce qui évite la monotonie, source de démotivation.

Ecrire des formules de calcul dans Excel

A chaque expression, associez la fonction EXCEL à utiliser :

Valider votre réponse

Totaliser les ventes des 12 mois	à choisir dans ce menu
Afficher la note la plus haute	à choisir dans ce menu
Appliquer 5% de remise si le total dépasse 10	à choisir dans ce menu
Calculer la moyenne des notes obtenues	à choisir dans ce menu
Afficher la note la plus basse	à choisir dans ce menu

à choisir dans ce menu
MAX
SI
MOYENNE
MIN
SOMME

Valider votre réponse

Interaction de forme appariement/association

Exercice 3

?   ?   ?

| Unité centrale | Imprimante | Scanner |

Faites glisser les 3 étiquettes jusqu'à la bonne case

Interaction de forme appariement/association

Interaction de forme appariement/association

Forme Ordonnancement ⇨ l'élève doit remettre dans un ordre logique une série d'éléments, qui sont présentés dans le désordre. Plus le nombre d'éléments est important, plus la part du hasard se réduit. Cette forme d'interaction peut proposer des éléments ne faisant pas partie de la suite logique, ce qui complexifie encore l'interaction.

Interaction de forme ordonnancement

Interaction de forme ordonnancement

Dans les interactions de type ouvert l'élève donne lui-même sa réponse

Dans une interaction de type ouvert, les éléments de la réponse ne sont pas donnés, l'élève produit lui-même la réponse attendue.

Réponse sous forme d'une suite de caractères

La réponse saisie par l'élève est composée d'une suite de caractères tapés au clavier.

Exemples :

• Traduis la phrase : « *I like swimming* » en français :

....

• Indique le tribunal compétent pour juger les litiges entre commerçants :

....

Cinétoile
Découverte
Entraînement

Mes
Notes
Découverte
Entraînement

Manna :
Découverte
Entraînement

Lexique

Synthèse à
imprimer

Ecrire des formules de calcul dans Excel : Entrainement 3

	A	B	C	D	E	F
1			Facture			
2	Articles commandés	Quantité	Prix unitaire brut	Remise accordée par article	Prix unitaire net	Montant
3	Housse de couette	6	239			
4	Couverture	3	129			
5	Drap-housse	2	38			
6						
7						
8					Total	
9					Frais de port	
10					Net à payer	

Indiquez la formule à saisir en D3, formule qui calcule une remise de 20% du prix unitaire brut si la quantité achetée est **supérieure à 5**, et de **10%** dans le cas contraire :

Pour valider votre formule

Interaction de type ouvert

Pour que la réponse saisie par l'élève puisse être analysée, le concepteur doit être lucide : une question conduisant l'élève à répondre sous la forme d'une phrase longue ou à syntaxe complexe n'est pas adaptée à un cours en ligne. Par exemple, une interaction du type « résume ce texte en quelques lignes » engendrera une réponse très difficile voire impossible à analyser, car :

• le temps de conception risque d'être très important, et la probabilité pour que la réponse saisie par l'élève soit reconnue trop faible ;

• ce type de question fait croire à l'élève que l'ordinateur est capable de « comprendre » des phrases complètes, et cela risque de le troubler, il va chercher à formuler sa réponse de manière à avoir une chance d'être compris par l'ordinateur.

Ce type d'interaction doit donc être parfaitement cadré. Pour éviter une complexité trop grande de l'analyse de réponses, il faut concevoir la sollicitation de telle sorte qu'elle produise une forme relativement prévisible. La consigne doit être très précise sur la nature de la réponse attendue. On peut obliger l'élève à répondre au moyen de chiffres ou de lettres, dans un emplacement limité, selon un format prescrit, ou lui demander de compléter un message.

L'interaction de type ouvert exige de la part du concepteur un travail attentif des réponses possibles : l'ensemble des réponses acceptées comme correctes, les différentes réponses erronées que l'élève est susceptible de produire et qui nécessitent un traitement particulier, sans oublier un traitement spécial à prévoir pour toute réponse ne correspondant pas à une des réponses envisagées par le concepteur.

Certains logiciels permettent une analyse assez fine de la réponse saisie par l'élève. Cette analyse est fondée sur la détection de la présence (ou de l'absence) de mots-clés, avec différents paramétrages possibles : ordre des mots-clés indifférent, frappe en majuscules ou minuscules indifférente, signes de ponctuation et espaces ignorés, terminaisons de mots libres… Un informaticien peut également se charger de programmer l'analyse des réponses, ce qui lui demandera d'autant plus de temps que l'analyse sera complexe.

Exemple 1 : Indique le montant de la TVA : .... (en euros)

Exemple 2 : Complète les mots manquants : Le tribunal de police juge les ...., le tribunal correctionnel juge les ...., la cour d'assises juge les.......................

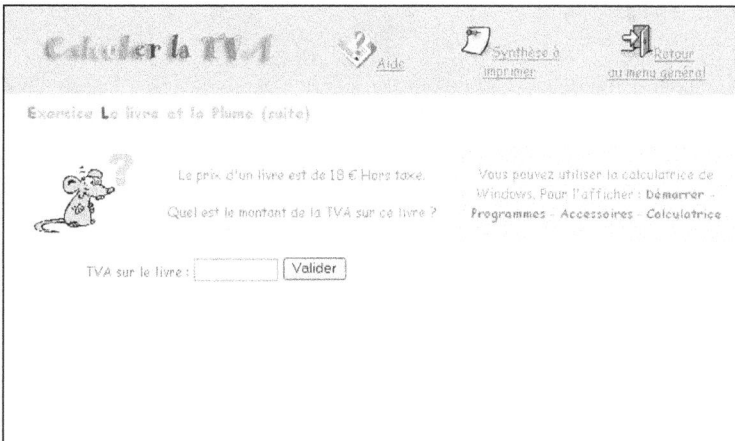

Interaction de type ouvert : réponse numérique attendue

Interaction de type ouvert : réponse textuelle attendue

Réponse sous la forme d'un élément à placer

Dans cette forme d'interaction de type ouvert, on demande à l'élève de placer un élément à un endroit donné. Il peut s'agir de positionner un objet à sa bonne place sur un schéma.

Une application classique est de demander à l'élève de déplacer un curseur le long d'une échelle, et la réponse sera considérée comme juste si l'élève a placé le curseur dans un intervalle donné :

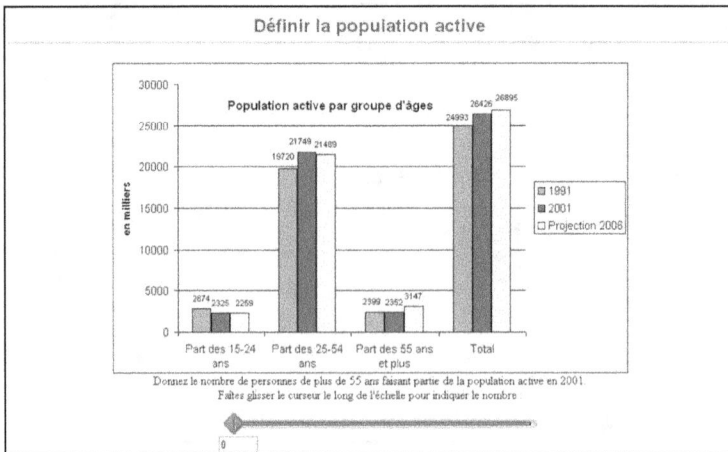

Interaction de type ouvert : élément à placer

L'ACTIVITÉ INTERACTIVE, ENSEMBLE D'INTERACTIONS PÉDAGOGIQUES

Une activité interactive proposée à l'élève est un ensemble d'interactions pédagogiques. En combinant plusieurs formes d'interactions, il est possible de créer des activités riches qui permettront à l'élève de progresser dans son apprentissage. Page suivante vous trouverez différents exemples d'activités interactives, composées d'une ou de plusieurs interactions pédagogiques.

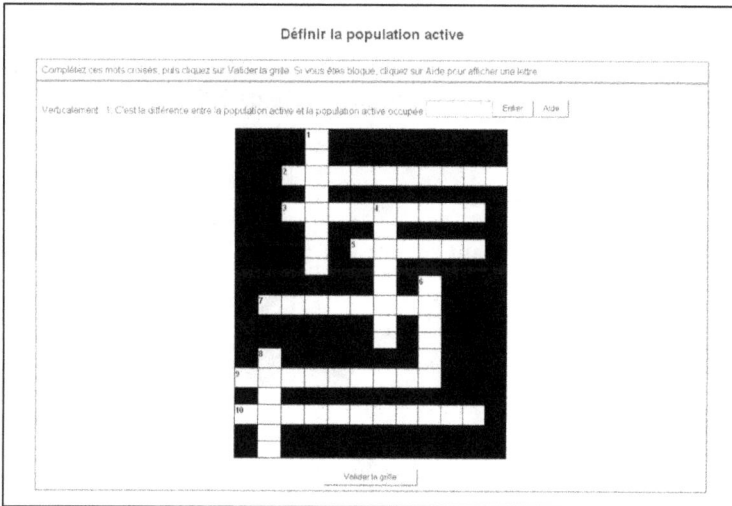

Définir la population active

Complétez ces mots croisés, puis cliquez sur Valider la grille. Si vous êtes bloqué, cliquez sur Aide pour afficher une lettre.

Verticalement : 1. C'est la différence entre la population active et la population active occupée

Activité interactive composée de plusieurs interactions de type ouvert

Activité interactive composée de 5 QCM

Activité interactive composée d'une QCM à réponses multiples

Le concepteur va imaginer chaque activité demandée à l'élève à l'étape de conception générale, et en construire la forme à l'étape de réalisation du scénario détaillé.

Cas particulier de l'activité de type simulation

Une simulation propose à l'élève un modèle de la réalité qu'elle reproduit. Une simulation consiste donc en une situation paramétrée, que l'élève doit faire évoluer en modifiant des paramètres. Les données saisies par l'élève ne sont pas jugées, ce sont des ordres donnés au logiciel. L'élève observe alors les conséquences de ses choix sur la situation simulée.

La simulation pédagogique a pour objectif de favoriser l'apprentissage par l'expérimentation, l'observation de l'évolution du modèle qu'elle représente. Mais elle ne permet pas, par elle-même, de garantir que l'objectif est atteint. C'est pourquoi le concepteur peut introduire dans la simulation des interactions à visée pédagogique, pour guider l'élève dans ses choix de paramètres.

Simulation du cycle d'exploitation d'une entreprise

Ne pas brûler les étapes...

Mais la conception des activités interactives n'est pas la première étape dans le processus de réalisation d'un cours en ligne. Elle intervient après l'analyse de l'environnement d'apprentissage, à l'étape de conception générale du cours en ligne :

• quand les objectifs sont clairement définis ;

• quand le contenu, associé à ces objectifs, est identifié ;

• quand le fil conducteur, facteur d'unité du site, est choisi ;

• quand la structure générale du site est bâtie.

La partie suivante va détailler, en 4 étapes, le processus de création d'un cours en ligne :

• première étape d'analyse de l'environnement d'apprentissage ;

• deuxième étape de conception générale du cours en ligne ;

• troisième étape de réalisation du scénario détaillé ;

• quatrième étape de réalisation technique et de tests.

Un cas concret va permettre d'illustrer les explications à chaque étape du processus : l'exemple de deux formateurs en droit, décidés à réaliser un cours en ligne sur l'organisation judiciaire en France.

DEUXIÈME PARTIE

4 ÉTAPES POUR CRÉER VOTRE COURS EN LIGNE

3 Analyser l'environnement d'apprentissage

Tout d'abord, il faut être conscient que la réalisation d'un cours en ligne est un travail qui nécessite plus de temps que la préparation d'une séquence classique en présentiel.

Parce que ce travail de réalisation est long, il est essentiel de réfléchir attentivement au contexte d'utilisation, il faut envisager qu'il soit utilisé un grand nombre de fois. En même temps que la construction de votre projet, vous devez réfléchir à la diffusion de votre produit. Sera-t-il proposé à d'autres formateurs, d'autres enseignants, gratuitement ou commercialement ? Sans sombrer dans la mégalomanie et penser que vous allez intéresser la terre entière, cet aspect est un critère à prendre en compte.

Analyser l'environnement d'apprentissage, c'est s'interroger sur les conditions dans lesquelles le cours en ligne va être utilisé, et sur les ressources dont vous disposez pour le réaliser.

À QUI S'ADRESSE LA FORMATION ?

Il s'agit là de déterminer le public cible de la formation, avec ses caractéristiques communes, et son hétérogénéité :

- Son niveau d'études.
- Son âge.
- Son niveau d'autonomie quant à l'utilisation d'un poste informatique.

L'ANALYSE DU PUBLIC CIBLE DU COURS EN LIGNE SUR L'ORGANISATION JUDICIAIRE

La formation s'adresse à des élèves préparant le baccalauréat professionnel comptabilité, en alternance. Ce sont de jeunes adultes entre 17 et 30 ans. Tous ces élèves ont suivi une formation tertiaire, qui comprend une initiation juridique. Mais, ces élèves ont en général une maîtrise inégale du langage, et une des difficultés majeures est l'apprentissage du vocabulaire juridique. Ce vocabulaire est en effet composé de mots, soit peu familiers, soit empruntés au langage courant, mais dans un sens différent. C'est un public habitué à utiliser un poste informatique et les outils bureautiques, ainsi qu'à naviguer sur internet.

POUR RÉPONDRE À QUEL BESOIN ?

Nous avons vu dans la première partie les multiples atouts d'un cours en ligne. Certains de ces atouts répondent à un besoin que vous avez détecté dans votre expérience de formateur. Il s'agit ici de déterminer quelle sera la valeur ajoutée du cours en ligne par rapport au cours dit classique :

• Public en difficulté, avec un problème de motivation ; le site est développé pour stimuler cette motivation, grâce aux possibilités du multimédia.

• Volonté d'offrir un outil d'apprentissage toujours disponible, ou difficulté à réunir tous les élèves au même moment dans un même lieu ; le site est développé pour sa souplesse d'utilisation.

• Difficulté à répondre de manière individualisée aux besoins d'un public hétérogène ; le site est développé pour ses possibilités d'offrir des parcours individualisés.

• Volonté de diversifier les supports de formation : le site est développé pour offrir aux élèves un enseignement varié.

• Difficulté de former les élèves dans l'environnement réel ; le site est développé pour apprendre par le biais de simulations.

L'ANALYSE DU BESOIN DU COURS EN LIGNE SUR L'ORGANISATION JUDICIAIRE

Les formateurs en droit souhaitent créer un cours en ligne pour pouvoir se consacrer à des activités de soutien auprès de quelques élèves particulièrement en difficulté dans un domaine différent de celui traité dans le cours en ligne. Les autres élèves utilisent le site en autonomie durant les séances en présentiel, le formateur est alors disponible pour les activités de soutien. Tous les élèves ont des heures de travail en autonomie, sans la présence des formateurs, prévues dans leur emploi du temps : ces heures permettront aux élèves en soutien d'utiliser le site, et les autres de terminer leur apprentissage sur le site en cas de besoin.

POUR ATTEINDRE QUEL OBJECTIF PÉDAGOGIQUE ?

Pourquoi un cours en ligne doit-il avoir un objectif pédagogique ?

Un cours en ligne a un objectif pédagogique général : c'est ce que l'élève est capable de faire à la fin de ce cours, lorsqu'il l'a suivi avec succès. C'est donc le résultat attendu, et non pas le processus pour y arriver.

LA DÉFINITION DE L'OBJECTIF PÉDAGOGIQUE DU COURS EN LIGNE SUR L'ORGANISATION JUDICIAIRE

L'élève doit être capable de décrire comment se déroule la procédure judiciaire dans une situation de litige.

Définir un objectif pédagogique général pour un cours en ligne est indispensable :

- pour que l'élève sache de façon explicite le but à atteindre ⇨ cela donne un sens à son apprentissage ;
- pour aider le formateur à déterminer de façon pertinente le contenu et les activités d'apprentissage qui conduiront à cet objectif.

À l'étape suivante de conception générale du site, l'équipe de conception décomposera cet objectif pédagogique en objectifs opérationnels. En effet, un objectif général, justement parce qu'il est général, est difficile à évaluer. Les objectifs opérationnels, eux, sont mesurables et peuvent faire l'objet d'une évaluation.

Quels sont les prérequis de la formation ?

Il est indispensable de définir également les prérequis nécessaires à la formation. L'objectif général indique le but à atteindre, les prérequis constituent les compétences que l'élève doit posséder au démarrage de la formation, pour la suivre avec profit.

> **L'ANALYSE DES PRÉREQUIS NÉCESSAIRES POUR SUIVRE LE COURS EN LIGNE SUR L'ORGANISATION JUDICIAIRE**
>
> Les prérequis à la formation sont :
>
> Être capable d'accéder à l'intranet de l'établissement, d'accéder à un site web à partir de l'adresse de celui-ci, de consulter des pages *via* un navigateur web.

POUR S'INSÉRER COMMENT DANS LE PROCESSUS DE FORMATION ?

Dans un processus de formation, il faut passer par plusieurs étapes pour atteindre l'objectif pédagogique, et mesurer que celui-ci est bien atteint :

- Vérification des prérequis.
- Évaluation du niveau de départ de l'élève.
- Découverte des connaissances nouvelles nécessaires à l'atteinte de l'objectif.
- Consolidation des connaissances nouvelles.

- Évaluation formative.
- Évaluation sommative.

Le cours en ligne peut prendre en charge l'intégralité de ces étapes, ou seulement certaines d'entre elles.

Il faut donc définir l'objectif de formation du cours en ligne. Il s'agit par exemple :

- En amont d'une formation « classique » en présentiel, le cours en ligne a pour objectif la vérification des prérequis, et l'évaluation du niveau de départ de l'élève. La formation « classique » sera conçue en fonction des résultats.
- Après une formation, le cours en ligne a pour objectif l'évaluation finale, sous la forme d'un quiz.
- Quelque temps après la formation, le cours en ligne répond à un besoin de remise en mémoire des connaissances, de « piqûre de rappel ».

COURS EN LIGNE SUR L'ORGANISATION JUDICIAIRE
Le cours en ligne prendra en charge l'intégralité des étapes du processus de formation.

POUR ÊTRE PROPOSÉ DANS QUEL CONTEXTE D'APPRENTISSAGE ?

Il s'agit de déterminer dans quel contexte le cours en ligne va être utilisé.

Dans un lieu dédié à l'apprentissage

Le site peut être utilisé dans une salle où des postes informatiques sont à la disposition des élèves. Il peut s'agir d'un centre de ressources dans un organisme de formation, ou d'une salle équipée de postes informatiques dans un établissement scolaire.

Deux modalités possibles :

- Utilisation par les élèves en autonomie, en **présence** du tuteur-formateur.
- Utilisation en libre-service, **sans la présence physique** du tuteur-formateur.

Dans un lieu distant du lieu d'apprentissage

Il s'agit dans ce cas des conditions typiques de la formation à distance. Les élèves utilisent le site à leur domicile, sur leur lieu de travail ou de stage. Le tuteur-formateur n'est donc pas présent physiquement.

Dans ce contexte, il est particulièrement important de réfléchir à l'accompagnement de l'élève.

Comme le tuteur-formateur n'est pas présent physiquement, il faut prévoir les modalités de communication entre celui-ci et l'élève :

- L'utilisation par l'élève du cours en ligne peut être un complément à une formation classique en présentiel. Les échanges entre le tuteur-formateur et l'élève s'effectuent durant les séances en présentiel.
- Des modes de communication électroniques peuvent être prévus par le concepteur dans le site.

On trouve deux sortes d'outils de communication : les outils **asynchrones**, avec lesquels l'envoi du message et sa réception ne se font pas au même moment, et les outils **synchrones**, qui permettent une communication en temps réel.

Outils de communication asynchrones

- Courrier électronique ⇨ outil grâce auquel un utilisateur, muni d'une adresse électronique, peut envoyer un texte à un ou plusieurs destinataires, à leur adresse électronique. L'utilisateur peut lire les messages reçus dans sa boîte aux lettres. Des fichiers peuvent être joints aux messages.

- Liste de discussion ⇨ application liée au courrier électronique. Un utilisateur, en s'abonnant à une liste de discussion, reçoit automatiquement, dans sa boîte aux lettres électronique, tous les messages envoyés à la liste par chacun des abonnés.

- Forum de discussion ⇨ ensemble de pages web affichant les messages envoyés par les participants, à propos d'un centre d'intérêt commun. À la différence de la liste de discussion, où les messages sont reçus dans la boîte aux lettres de chaque participant, les messages viennent alimenter les pages web du forum. La mise en place d'un forum dans un cours en ligne permet à l'élève de voir si la question qu'il se pose existe déjà sur le forum et a reçu une réponse. Cela permet en outre d'apprendre en regardant les problèmes soulevés par les autres participants, et auxquels l'élève n'avait pas pensé.

Outils de communication synchrones

- *Chat* (causette en français) ⇨ service permettant d'échanger en temps réel avec des personnes connectées au même moment, en écrivant au clavier. Les messages s'affichent sur l'écran de chaque participant, au fur et à mesure des contributions de chacun.

D'autres outils de communication synchrones, plus destinés au fonctionnement des classes virtuelles, existent. La classe virtuelle simule en temps réel le fonctionnement d'une classe. Des participants éloignés géographiquement se retrouvent à un moment précis pour communiquer à travers internet, en utilisant notamment l'audioconférence, la vidéoconférence, le tableau blanc... Ces outils de communication synchrones utilisés dans une classe virtuelle ne sont pas détaillés dans ce livre, car nous nous intéressons plus spécifiquement à la création d'un site dans lequel l'apprentissage s'effectue hors contrainte de temps, donc de façon asynchrone. Vous avez une description succincte de ces outils dans le lexique.

> **COURS EN LIGNE SUR L'ORGANISATION JUDICIAIRE**
>
> Le cours en ligne sera utilisé durant les séances de droit prévues dans l'emploi du temps, donc en présence du formateur. Mais il doit pouvoir également être suivi durant les heures d'autonomie qu'ont les élèves dans leur emploi du temps. Ces heures se passent dans une salle équipée de postes informatiques, à la disposition des élèves en libre-service. Les échanges entre le formateur et les élèves se feront durant les séances en présentiel.

POUR ÊTRE UTILISÉ DANS QUEL ENVIRONNEMENT INFORMATIQUE ?

Du contexte d'apprentissage défini précédemment va découler l'environnement informatique utilisé par l'élève.

Le support informatique

Si la formation s'effectue à distance du centre de formation ou de l'établissement scolaire, le site sera présent sur internet.

Si la formation s'effectue au centre de formation ou dans l'établissement scolaire, le site peut être présent sur l'intranet, ou sur cédérom. Si le support choisi est le cédérom, il ne sera pas possible de communiquer sous forme électronique par ce biais, et les mises à jour du site seront plus longues : il faudra graver de nouveau chaque cédérom.

Le matériel informatique

Il faut tenir compte du **matériel informatique utilisé** par les élèves dans le développement de votre site. Nous avons vu qu'un site pouvait contenir du texte, des images fixes ou animées, du son, des séquences vidéo.

La présence d'images ou de séquences vidéo nécessite que l'ordinateur de l'utilisateur possède une carte graphique. L'intégration de sons implique que l'ordinateur soit équipé d'une carte son. Si l'utilisation du site doit se faire dans une salle équipée de plusieurs postes informatiques, il paraît réaliste de n'inclure du son que si ceux-ci sont pourvus de casques audio.

De même, si l'élève utilise le site *via* internet et qu'il ne bénéficie pas d'un mode de transmission rapide, la présence de séquences vidéo ou d'animations peut demander un temps de chargement propre à lasser tout élève motivé.

Pensez que tous les utilisateurs ne possèdent pas l'équipement informatique dernier cri, développez un site pour l'équipement le plus commun.

L'ANALYSE DU CONTEXTE INFORMATIQUE DU COURS EN LIGNE SUR L'ORGANISATION JUDICIAIRE

Le cours en ligne sera installé sur l'intranet du centre de formation, il sera donc accessible à partir de tout poste informatique du centre.

Les postes informatiques ont comme caractéristiques minimales communes :

– écran couleur, résolution 800 x 600 pixels; carte graphique;

– pas de carte-son, ni de casque audio.

POUR ÊTRE RÉALISÉ AVEC QUELLES RESSOURCES?

Créer un cours en ligne nécessite des ressources en compétences humaines, du matériel informatique et des logiciels, et de l'argent pour financer les ressources dont vous ne disposez pas en interne.

Diverses compétences entrent en jeu lors des différentes étapes de création d'un cours en ligne. Elles sont issues de différents métiers :

• le formateur, expert du contenu, et compétent dans la conception pédagogique de support d'enseignement;

- le concepteur de cours en ligne, spécialiste de la conception pédagogique de logiciels de formation (conception générale et écriture du scénario) ;
- le développeur informatique du site, qui met le scénario imaginé par le concepteur sous une forme numérique, lisible par un navigateur ;
- l'infographiste, compétent pour réaliser l'interface graphique du site ;
- le spécialiste vidéo, chargé de la réalisation des séquences vidéo incluses dans le site ;
- l'ingénieur du son, créateur des sons et des effets musicaux.

Suivant l'ampleur de votre projet et les ressources dont vous disposez, l'équipe de développement aura une taille bien différente : un cursus complet de formation à distance ne demandera bien sûr pas les mêmes ressources qu'un cours en ligne destiné à compléter une séquence en présentiel. Si toutes les compétences ne sont pas présentes dans votre équipe, il vous faudra faire appel à des prestataires extérieurs.

Si votre équipe de développement se résume à vous-même ou à un groupe de formateurs, ce livre va vous aider à acquérir des compétences de concepteur de cours en ligne.

Si vos compétences en développement informatique sont limitées, ce livre présente des outils logiciels destinés aux non-informaticiens. Ces contraintes sont bien sûr à prendre en compte dans la phase d'écriture du scénario, il vous faut étudier les possibilités des outils dont vous disposez, avant d'imaginer les activités proposées aux élèves.

Gardez tout de même à l'esprit que, dans la création d'un cours en ligne, la qualité pédagogique d'une part, et la créativité de l'équipe de conception pour imaginer des activités adaptées au public et aux objectifs d'autre part, sont des facteurs de réussite plus importants que la prouesse technologique ou graphique.

**L'ANALYSE DES RESSOURCES DISPONIBLES POUR LE COURS EN LIGNE
SUR L'ORGANISATION JUDICIAIRE**

Les formateurs en droit, outre leurs compétences disciplinaires, ont déjà une expérience dans l'écriture des scénarios de cours en ligne. Ils se chargent donc conjointement de la conception.

Un collègue enseignant les arts plastiques se charge de la réalisation des graphiques et des animations à inclure dans le site.

Il n'y aura pas de son, ni de séquence vidéo.

La réalisation sera faite conjointement par un formateur en droit et l'enseignant en arts plastiques, en utilisant des logiciels pour non-programmeurs.

Le formateur en droit chargé de la réalisation est coordinateur du projet.

La description des logiciels utilisés est détaillée dans la partie Réalisation technique.

BILAN D'ÉTAPE

L'environnement d'apprentissage a été analysé. Le travail de réflexion réalisé durant cette étape peut être formalisé par un document, reprenant tous les éléments de cette analyse. Ce document peut servir de support de communication entre les participants au projet. Il peut être présenté à la hiérarchie pour valider le projet, pour une demande de budget.

4 Concevoir l'architecture générale du cours en ligne

Concevoir un cours en ligne, c'est imaginer des **activités** à proposer à l'élève pour l'aider à atteindre un **objectif**, et c'est organiser ces activités entre elles pour favoriser l'apprentissage.

L'étape de conception générale va donc amener l'équipe de conception à définir :

- Les objectifs opérationnels du site ;
- Les contenus associés aux objectifs ;
- Un fil conducteur, facteur d'unité du site ;
- La structure générale du site en fonction du fil conducteur imaginé ;
- La description des activités interactives proposées aux élèves.

DÉFINIR LES OBJECTIFS OPÉRATIONNELS

À l'étape précédente d'analyse de l'environnement d'apprentissage, l'objectif général du cours en ligne a été défini. Cet objectif général, justement parce qu'il est général, est difficile à évaluer. Il doit donc être décomposé en objectifs opérationnels, qui eux sont mesurables, et peuvent faire l'objet d'une évaluation. Les prérequis ont également été déterminés à l'étape précédente : ce sont les compétences minimales que chaque élève doit posséder pour aborder la formation. La formation doit permettre de faire progresser un élève possédant les compétences définies comme prérequis jusqu'à l'objectif général final.

Comment définir un objectif opérationnel ?

Il se définit comme une performance : c'est une action que l'élève est capable de réaliser, comme preuve qu'il a atteint l'objectif. Ainsi, l'objectif opérationnel s'exprime avec un verbe d'action, suivi d'un complément d'objet direct.

Exemples de verbes d'action pouvant être évalués : décrire, citer, distinguer, énumérer…

Exemples de verbes d'action difficilement évaluables : connaître, savoir, réfléchir, comprendre…

Exemples d'objectif opérationnel :

• Être capable de calculer une moyenne arithmétique ;

• Être capable de distinguer une entreprise individuelle d'une société.

La performance peut être complétée, si cela est pertinent, par deux éléments :

• Les conditions dans lesquelles doit s'effectuer la performance ⇨ il faut ici préciser les informations auxquelles l'élève a droit, ce qui lui est refusé. Par exemple, l'objectif «Installer le logiciel Tablix sur un ordinateur PC, à l'aide de la documentation fournie, en moins d'un quart d'heure», ne s'effectue pas dans les mêmes conditions si l'élève n'a pas droit à la documentation.

• Le critère de réussite ⇨ c'est la qualité ou le niveau de performance jugé acceptable pour attester que l'objectif est atteint. Cela peut être un temps de réalisation, ou un nombre d'erreurs accepté. Dans l'exemple ci-dessus, l'objectif est atteint si le logiciel est installé en moins d'un quart d'heure.

DÉFINITION DES OBJECTIFS OPÉRATIONNELS POUR LE COURS EN LIGNE SUR L'ORGANISATION JUDICIAIRE

Les objectifs opérationnels sont :

– Identifier le tribunal compétent suivant la nature du litige.

– Identifier le rôle des principaux acteurs du système judiciaire.

– Suivant la situation de litige, indiquer les voies de recours possibles.

À quoi servent les objectifs opérationnels?

Ils permettent d'évaluer l'élève, et permettent à celui-ci de s'auto-évaluer.

Ils doivent donc être rédigés dans un langage clair et adapté au public cible, il faut qu'ils soient compris et utilisés par les élèves.

Comment s'organisent les objectifs entre eux?

L'objectif général est maintenant décomposé en un certain nombre d'objectifs opérationnels.

Il faut étudier s'il y a un ordre nécessaire dans la maîtrise de ces objectifs : certains objectifs doivent être maîtrisés avant que d'autres soient abordés. D'autres objectifs au contraire sont indépendants entre eux.

Cela donne lieu à l'établissement d'un schéma, matérialisant la progression souhaitable dans la maîtrise de l'objectif général.

Cela ne veut pas dire pour autant que chaque élève effectuera son parcours dans cet ordre, ni même dans sa totalité : nous verrons plus loin selon quelle procédure l'équipe de conception décide que se fera le parcours de l'élève, et le passage d'un objectif à l'autre : soit de manière directive (passage obligatoire), soit au choix de l'élève, ou bien encore en fonction de résultats obtenus à une évaluation.

ASSOCIER DES CONTENUS AUX OBJECTIFS

Pour atteindre l'objectif fixé, que faut-il apprendre?

Mettre en œuvre une compétence, c'est être capable d'utiliser les connaissances que l'on a acquises pour parvenir à un résultat observable.

Pour chaque objectif opérationnel, vous devez donc déterminer les savoirs et les savoir-faire que l'élève doit apprendre : ce sont les connaissances à apporter à l'élève, les mots, les définitions, les procédures, les règles à retenir, toutes les notions dont l'apprentissage est nécessaire pour atteindre l'objectif visé.

À ce stade d'identification des éléments du contenu, il est important de recenser les difficultés et les obstacles habituellement rencontrés par les élèves dans l'acquisition de ce contenu. Cette analyse est nécessaire pour construire des activités pédagogiques qui permettront aux élèves de surmonter ces difficultés et obstacles.

> **CONTENUS ASSOCIÉS À L'OBJECTIF POUR LE COURS EN LIGNE SUR L'ORGANISATION JUDICIAIRE**
>
> *Contenus associés à l'objectif : identifier le tribunal compétent suivant la nature du litige*
>
> Définition d'un litige, d'une infraction ;
>
> Distinction entre ordre judiciaire et ordre administratif ;
>
> Les tribunaux de l'ordre administratif et leur compétence ;
>
> Distinction entre juridictions civiles et juridictions pénales ;
>
> Les juridictions civiles et leur compétence ;
>
> Les juridictions pénales et leur compétence.

IMAGINER LE FIL CONDUCTEUR

L'équipe de conception imagine un fil conducteur dans le site, c'est la mise en situation dans laquelle sera plongé l'élève. Ce fil conducteur va donner son unité, sa cohérence à l'ensemble du site. L'équipe de conception peut choisir une mise en situation se rapprochant le plus possible du contexte réel, ou imaginer un environnement ludique, sous la forme d'un jeu ou d'une métaphore.

Le jeu comme fil conducteur

Il y a jeu lorsqu'on demande à l'élève de relever un défi, et qu'il entre en compétition avec le logiciel, ou avec d'autres élèves. Le défi peut être lié au temps qui passe : l'élève arrivera-t-il à atteindre son objectif à temps ?

L'intérêt pédagogique du jeu réside dans sa capacité à motiver l'élève, mais l'équipe de conception doit veiller à ce que l'aspect ludique ne prenne pas le pas sur l'activité pédagogique : l'essentiel n'est pas de gagner, mais d'apprendre par le biais du jeu.

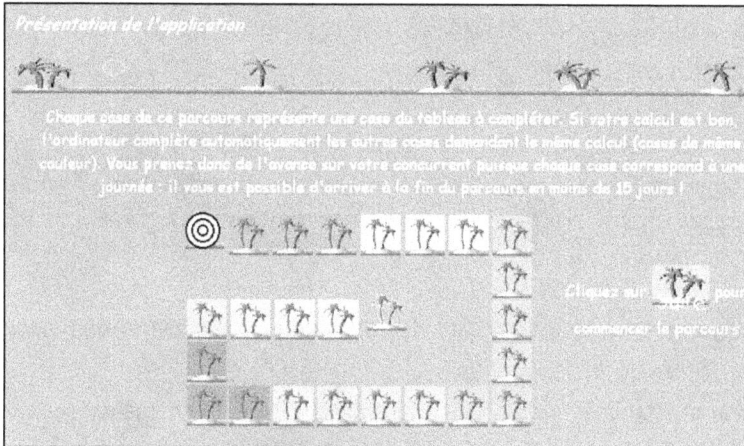

Le jeu comme mise en situation

La métaphore comme fil conducteur

La métaphore, dans un contexte multimédia, est un environnement qui simule un système familier à l'utilisateur. Les différents éléments composant ce système ont des fonctions déjà assimilées par l'utilisateur. C'est MacIntosh qui a imaginé l'une des premières métaphores, celle du bureau, avec sa fameuse poubelle !

On distingue trois catégories de métaphores :
- Des métaphores de repérage, comme la carte, le plan, le labyrinthe, la boussole…
- Des métaphores d'objets, comme le livre, la télévision, la télécommande, le tableau de bord d'une voiture…
- Des métaphores de lieu de vie, comme le bureau, la maison, la rue, la ville…

La métaphore peut être, par exemple, un laboratoire pour un cours de chimie, l'essentiel est que la métaphore place l'élève dans un contexte familier, adapté à ses goûts, et lui fournisse ainsi des repères et des indices.

La métaphore a pour rôle de faciliter l'approche du site :
- en utilisant l'image plutôt que le texte, pour faire appel à la mémoire visuelle ;
- en introduisant une dimension ludique ;
- en apportant une compréhension globale, immédiate du fonctionnement du site (déroulement, type de navigation) grâce à un environnement familier.

FIL CONDUCTEUR POUR LE COURS EN LIGNE SUR L'ORGANISATION JUDICIAIRE
Description du fil conducteur

L'élève est stagiaire au Palais de justice de sa ville. Il est chargé par son maître de stage de renseigner les personnes qui téléphonent, ainsi que de finaliser des plaquettes d'information commencées par le précédent stagiaire. Ces plaquettes d'information sont destinées aux interlocuteurs souhaitant une documentation sur les différents tribunaux et leur compétence, sur les acteurs du système judiciaire, ou sur les voies de recours possibles. Dans le cadre de ce cours en ligne, elles serviront d'évaluation finale.

Pour chaque objectif opérationnel, le maître de stage accueille l'élève en le soumettant à un test, qui permet de situer le niveau de départ de celui-ci, et de l'orienter soit vers des activités de découverte, soit vers des activités d'entraînement.

L'activité de découverte est une activité guidée par le maître de stage.

Les activités d'entraînement consistent à répondre à la demande de renseignement provenant d'un interlocuteur.

CONSTRUIRE LA STRUCTURE GÉNÉRALE

À partir du fil conducteur qu'elle a imaginé, l'équipe de conception va construire la structure générale du site.

Construire la structure générale du site, c'est :

- Faire la liste de chaque partie (qu'on appellera module) composant le site.

- Décrire les fonctionnalités de chaque module, c'est-à-dire ce que l'élève pourra faire dans le module, sans détailler le contenu ni la présentation de ce module.

- Établir les liens existant entre ces différents modules, sous la forme d'un schéma ou organigramme.

Contrairement à ce qui se passe dans un livre, l'utilisateur d'un site ne voit qu'une seule page à la fois. Il lui est donc très difficile d'avoir une vue d'ensemble du site. C'est pourquoi la structure du site doit être logique et simple, sans bifurcation inattendue, pour que l'utilisateur comprenne rapidement sa logique d'organisation. L'élève ne doit en effet pas mobiliser son effort d'apprentissage sur la logique de la structure, mais bien sûr le contenu d'apprentissage du site d'autoformation.

Pour être plus concret, détaillons cette étape en prenant le cas du site sur l'organisation judiciaire.

Le site sur l'organisation judiciaire va se composer des modules suivants :

- Un module d'accueil.

- Un module lexique.

De plus, le site est composé de trois parties construites avec les mêmes types de module. Ces trois parties correspondent aux trois objectifs opérationnels : identifier le tribunal compétent, identifier le rôle des acteurs du système judiciaire, indiquer les voies de recours possibles. Chaque partie est donc constituée des modules suivants :

- Un module de test de départ ;

- Des modules d'activités de découverte ;

- Un module d'activités d'entraînement ;
- Un module de réalisation de la plaquette d'information ;
- Un module d'aide.

Décrivons ces différents modules, en ne détaillant que ceux de la première partie, *Identifier le tribunal compétent*.

Le module d'accueil

Description

Premier module, à partir duquel l'élève accède à la formation.

Fonctionnalités

Dans ce module, l'élève peut :

- S'informer sur le contenu du site, les objectifs de celui-ci, les pré-requis nécessaires à la formation, le public cible, l'identification de l'équipe de développement, les conseils et conditions d'utilisation, la date de la dernière mise à jour ;
- Avoir une image globale de la structure du site ;
- Accéder aux autres modules.

Un exemple de page d'accueil, en management

Le module lexique

Description

Liste alphabétique des termes juridiques employés dans le site, avec leur définition.

Fonctionnalités

Dans ce module, l'élève peut :

• Consulter le lexique.

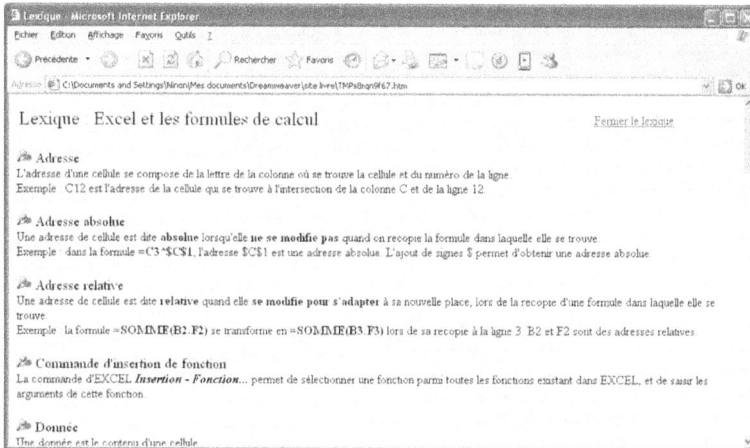

Un exemple de lexique, en bureautique

Le module de test de départ

Description

Ensemble de questions sur les connaissances nécessaires à la maîtrise de l'objectif. Le but de ce test est de situer le niveau de l'élève pour qu'il ne suive que les modules de découverte dont il a besoin.

Fonctionnalités

Dans ce module, l'élève peut :

• Visualiser le test d'évaluation.

• Choisir de répondre au test d'évaluation, ou d'accéder directement aux modules de découverte. Donner le choix à l'élève évite de le placer en situation d'échec, dans le cas où les questions lui semblent difficiles.

• Répondre aux questions du test.

Suivant le résultat obtenu, il est proposé à l'élève d'étudier les modules de découverte correspondant à ses besoins, ou de suivre le module des activités d'entraînement en cas de succès au test.

Present Perfect Partie A ⇨ Test initial

Present Perfect ou Preterit ?

Voici une liste de 10 phrases qui se traduisent par un passé composé français. Quelle forme utiliserais-tu pour compléter ces phrases ?

Look ! The cat ....all the milk ! ○ has drunk ○ drank
(Regarde ! Le chat a bu tout le lait !)

I ....3 shooting stars last night. ○ have seen ○ saw
(J'ai vu 3 étoiles filantes hier soir.)

My uncle ....old cars for 30 years. ○ has collected ○ collected
(Mon oncle a collectionné les voitures anciennes pendant plus de 30 ans)

He won't come, he........................his leg. ○ has broken ○ broke
(Il ne viendra pas, il s'est cassé la jambe.)

My brother ....golf for one month last summer. ○ has played ○ played
(Mon frère a joué au golf pendant un mois l'été dernier.)

Un exemple de test de départ, en anglais

Les modules de découverte

Description

Pour l'objectif *Identifier le tribunal compétent*, les modules de découverte sont au nombre de cinq :

- Découvrir ce qu'est un litige, une infraction.
- Découvrir l'ordre judiciaire et l'ordre administratif.
- Découvrir les tribunaux administratifs.
- Découvrir les juridictions civiles et leur compétence.
- Découvrir les juridictions pénales et leur compétence.

Fonctionnalités

Dans ce module, l'élève peut :

- Réaliser des activités de difficulté progressive, destinées à lui faire découvrir les connaissances nécessaires à la maîtrise de l'objectif opérationnel. Le maître de stage est le personnage qui lui sert de guide dans son apprentissage ;
- Consulter l'aide ;
- Consulter le lexique.

Le module d'activités d'entraînement

Description

Enchaînement de plusieurs activités, chaque activité consistant à répondre à une personne téléphonant au palais de justice. Par exemple, il s'agit d'indiquer à un interlocuteur le tribunal compétent pour un litige qui oppose cet interlocuteur à son employeur, à propos d'un licenciement.

Fonctionnalités

Dans ce module, l'élève peut :

- Réaliser les activités d'entraînement ;
- Consulter l'aide ;
- Consulter le lexique.

Le module de réalisation de la plaquette

Description

Affichage à l'écran de la plaquette d'information comprenant des éléments à compléter. Ce module sert d'évaluation finale, l'élève n'a pas accès à l'aide ni au lexique.

Present Perfect Partie A ⇨ *S'entrainer*

Maintenant, entraine-toi !

Quel temps utiliserais-tu pour traduire la phrase suivante : "Je ne l'ai jamais lu."

○ read (Preterit)
○ have read (Present Perfect)

Valider ta réponse

Quel temps utiliserais-tu pour traduire la phrase suivante : "Je l'ai lu hier".

○ read (Preterit)
○ have read (Present Perfect)

Valider ta réponse

Un exemple d'activité d'entraînement, en anglais

Fonctionnalités

Dans ce module, l'élève peut :

• Compléter la plaquette d'information, puis visualiser son score.

Le module d'aide

Description

Schéma représentant l'ensemble des juridictions et leur compétence, avec des exemples pour chaque juridiction.

© Groupe Eyrolles

Fonctionnalités

Dans ce module, l'élève peut :

• Consulter l'aide ;

• Imprimer l'aide, qui sert également de trace écrite du cours pour l'élève.

Exemple de fiche récapitulative à compléter, en anglais

L'organisation des modules entre eux

Après la description des modules et de leurs fonctionnalités, étudions comment un élève effectue son parcours au travers de ces différents modules.

L'équipe de conception doit choisir comment l'élève, à partir du module d'accueil, accède aux différents modules. De ces choix découlera la façon dont les modules s'enchaînent entre eux.

Le parcours libre

Dans ce cas, l'élève peut accéder aux différents modules du site à sa guise, et dans l'ordre de son choix.

Le module d'accueil doit donc proposer un menu permettant cet accès libre, par des liens vers les différents modules.

Le schéma d'organisation entre les modules sera de ce type :

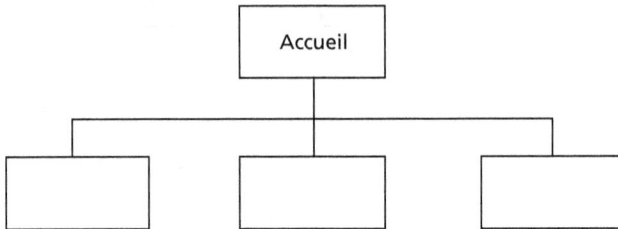

Le parcours prédéfini

Dans ce cas, l'élève n'a pas la liberté de naviguer à sa guise dans le site, son parcours est programmé de module en module, selon un cheminement établi par les concepteurs du site.

Le schéma d'organisation sera de ce type :

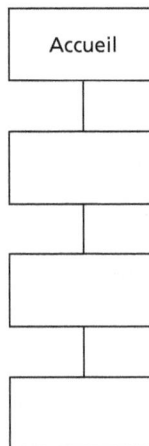

Le module d'accueil doit donc permettre à l'élève d'accéder au début du parcours lors d'une première session, ou à l'endroit de la formation où il se trouvait lors de sa précédente session.

Le parcours personnalisé

Dans ce cas le parcours de l'élève à l'intérieur du site est personnalisé, en fonction de ses besoins personnels. Ces besoins sont définis par des tests d'évaluation, qui vont orienter l'élève, selon ses résultats, vers les modules qu'il a besoin de suivre.

Le schéma d'organisation sera plutôt de ce type :

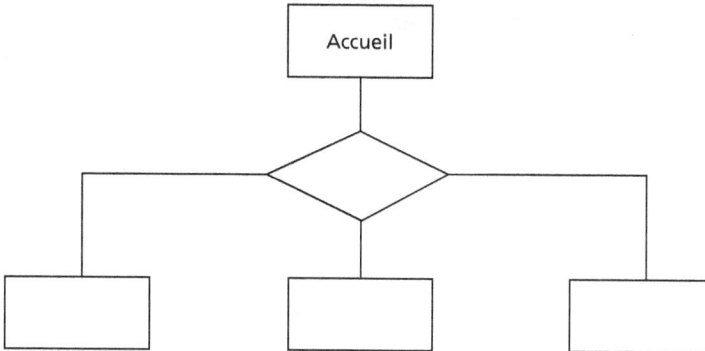

Ces différents types de parcours peuvent se combiner pour l'organisation d'un site, la condition primordiale est que la structure du site soit logique et facilement mémorisable par l'élève.

Exemple du site sur l'organisation judiciaire

Les concepteurs du site offrent le choix entre deux types de parcours.

Un parcours libre

Les concepteurs du site ont décidé de laisser à l'élève la liberté de naviguer dans les différentes parties du site. Le module d'accueil permet ainsi d'accéder à l'ensemble des modules du site.

Un parcours conseillé

Sur la page affichant les explications et les conseils donnés à l'élève, ils proposent un parcours conseillé : débuter par le module de test de départ. Les modules d'activités de découverte, dont l'élève a besoin, s'enchaînent ensuite séquentiellement. Vient ensuite le module d'activités d'entraînement, puis le module de réalisation de la plaquette. Ce parcours conseillé se déroule séquentiellement depuis le module de test de départ de la partie *Identifier le tribunal compétent*, jusqu'au dernier module de la partie *Indiquer les voies de recours possibles*.

Des modules accessibles à tout moment

Les modules d'aide et le module lexique sont accessibles à tout moment (excepté dans les modules de réalisation de la plaquette).

L'élève peut revenir au module d'accueil à tout moment.

Voici le schéma d'organisation de ces différents modules (en trois parties) :

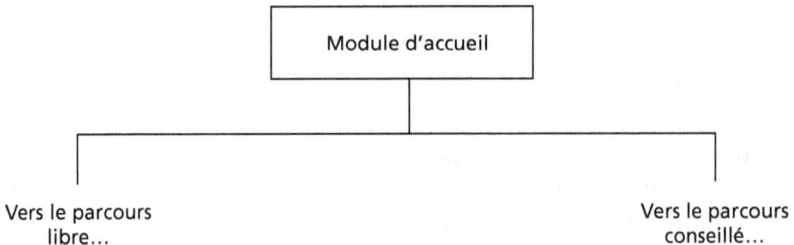

Module d'accueil

Vers le parcours libre...

Vers le parcours conseillé...

Organigramme du parcours libre pour le cours en ligne sur l'organisation judiciaire

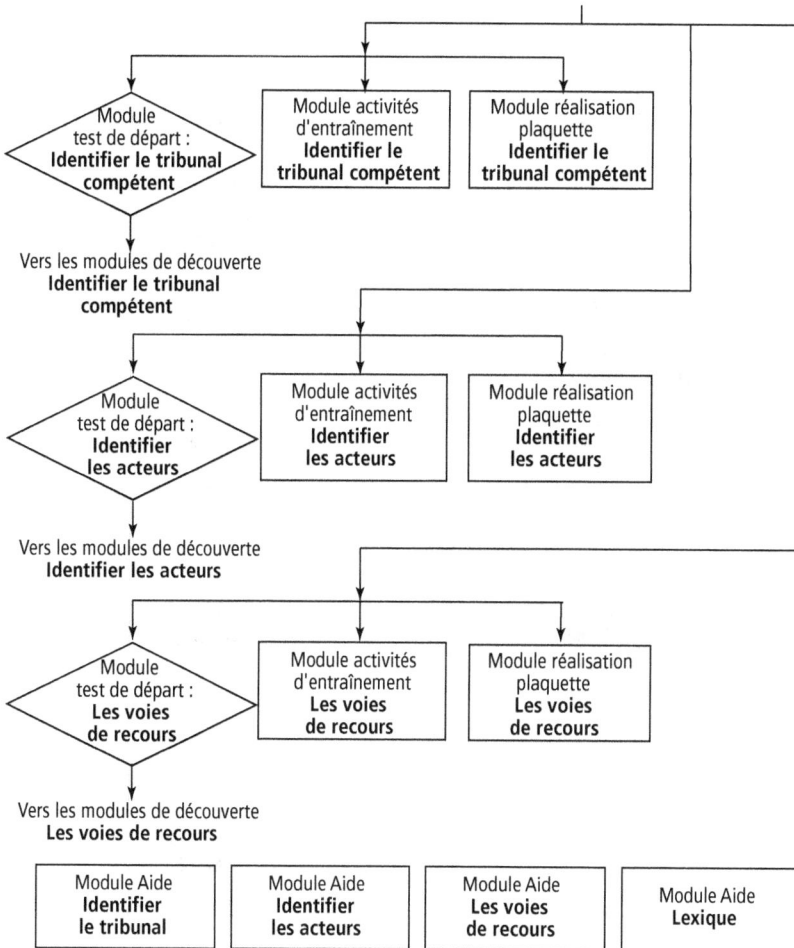

Module test de départ :
Identifier le tribunal compétent

Module activités d'entraînement
Identifier le tribunal compétent

Module réalisation plaquette
Identifier le tribunal compétent

Vers les modules de découverte
Identifier le tribunal compétent

Module test de départ :
Identifier les acteurs

Module activités d'entraînement
Identifier les acteurs

Module réalisation plaquette
Identifier les acteurs

Vers les modules de découverte
Identifier les acteurs

Module test de départ :
Les voies de recours

Module activités d'entraînement
Les voies de recours

Module réalisation plaquette
Les voies de recours

Vers les modules de découverte
Les voies de recours

Module Aide
Identifier le tribunal

Module Aide
Identifier les acteurs

Module Aide
Les voies de recours

Module Aide
Lexique

Modules accessibles à tout moment, excepté dans les modules réalisation plaquette

Organigramme du parcours conseillé pour le cours en ligne sur l'organisation judiciaire

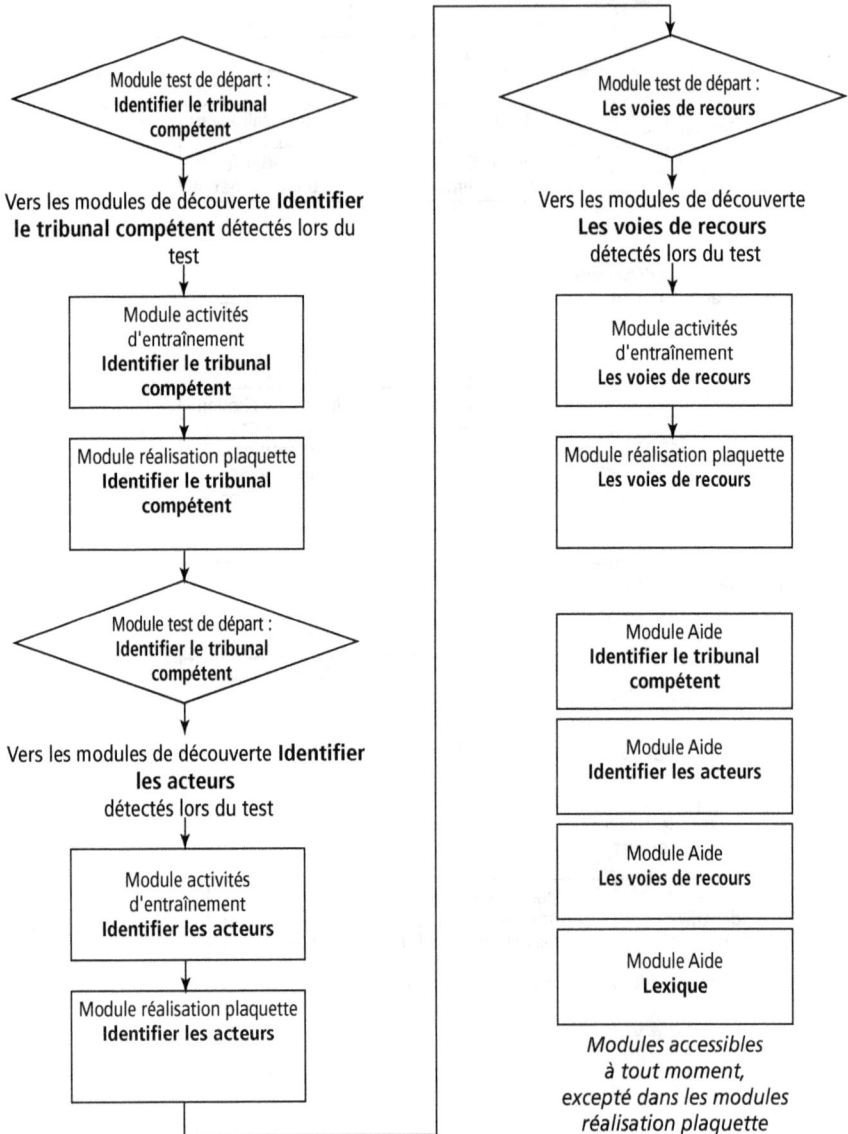

Module test de départ :
Identifier le tribunal compétent

Vers les modules de découverte **Identifier le tribunal compétent** détectés lors du test

Module activités d'entraînement
Identifier le tribunal compétent

Module réalisation plaquette
Identifier le tribunal compétent

Module test de départ :
Identifier le tribunal compétent

Vers les modules de découverte **Identifier les acteurs** détectés lors du test

Module activités d'entraînement
Identifier les acteurs

Module réalisation plaquette
Identifier les acteurs

Module test de départ :
Les voies de recours

Vers les modules de découverte **Les voies de recours** détectés lors du test

Module activités d'entraînement
Les voies de recours

Module réalisation plaquette
Les voies de recours

Module Aide
Identifier le tribunal compétent

Module Aide
Identifier les acteurs

Module Aide
Les voies de recours

Module Aide
Lexique

Modules accessibles à tout moment, excepté dans les modules réalisation plaquette

Un autre exemple de parcours libre

Voici un autre exemple de parcours libre, en français. Le cours en ligne a pour objectif pédagogique de maîtriser l'accord du participe passé dans une phrase. Il est composé de trois parties, chacune constituée d'un module de découverte de la règle d'accord et d'un module d'exercices d'application. Un module de test d'auto-évaluation complète l'ensemble.

Partie 1 ⇨ Accorder le participé passé employé avec l'auxiliaire avoir (cas général).

Partie 2 ⇨ Accorder le participe passé employé avec l'auxiliaire être.

Partie 3 ⇨ Accorder le participe passé employé avec l'auxiliaire avoir, quand le C.O.D. est placé avant lui.

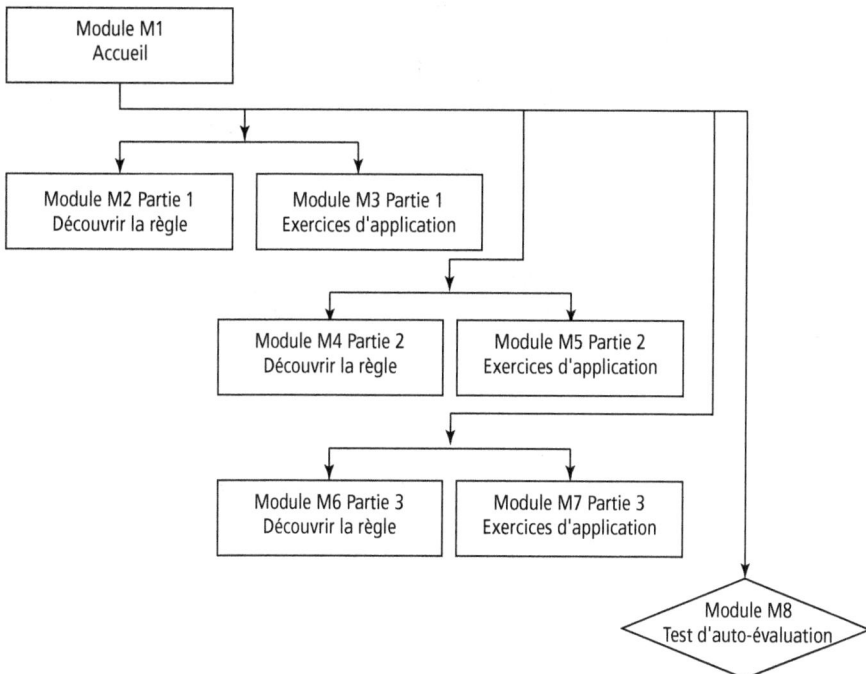

Un troisième exemple de parcours libre

Ce troisième exemple de parcours libre concerne un cours en ligne de management. Il a pour objectif pédagogique la maîtrise des outils d'aide à la décision commerciale.

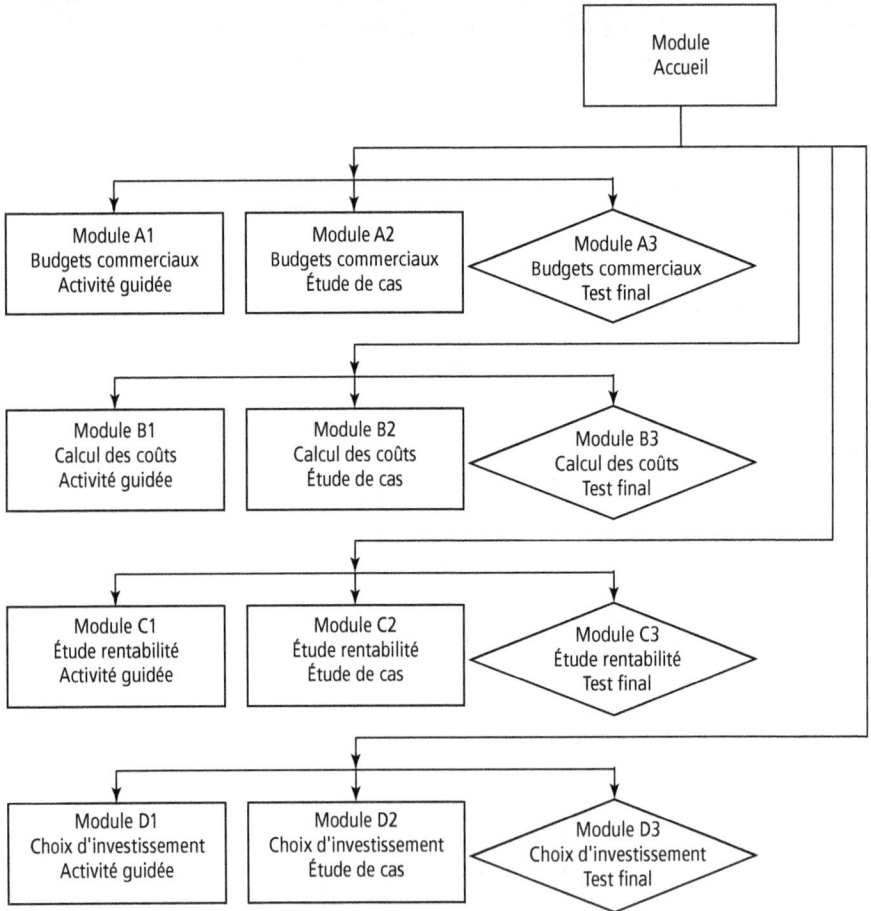

Un autre exemple de parcours conseillé

Voici un autre exemple de parcours conseillé, en anglais, avec pour finalité la rédaction de la biographie d'un personnage célèbre. Les élèves doivent savoir utiliser à bon escient le Present Perfect, ce qui est l'objectif du cours en ligne, bâti en trois grandes parties :

Partie A ⇨ Être capable de choisir le temps (Present Perfect ou Preterit), selon les indicateurs de temps ;

Partie B ⇨ Être capable d'exprimer la durée et d'utiliser le Present Perfect avec « for » et « since » ;

Partie C ⇨ Produire, de façon très guidée, la biographie d'une personnalité.

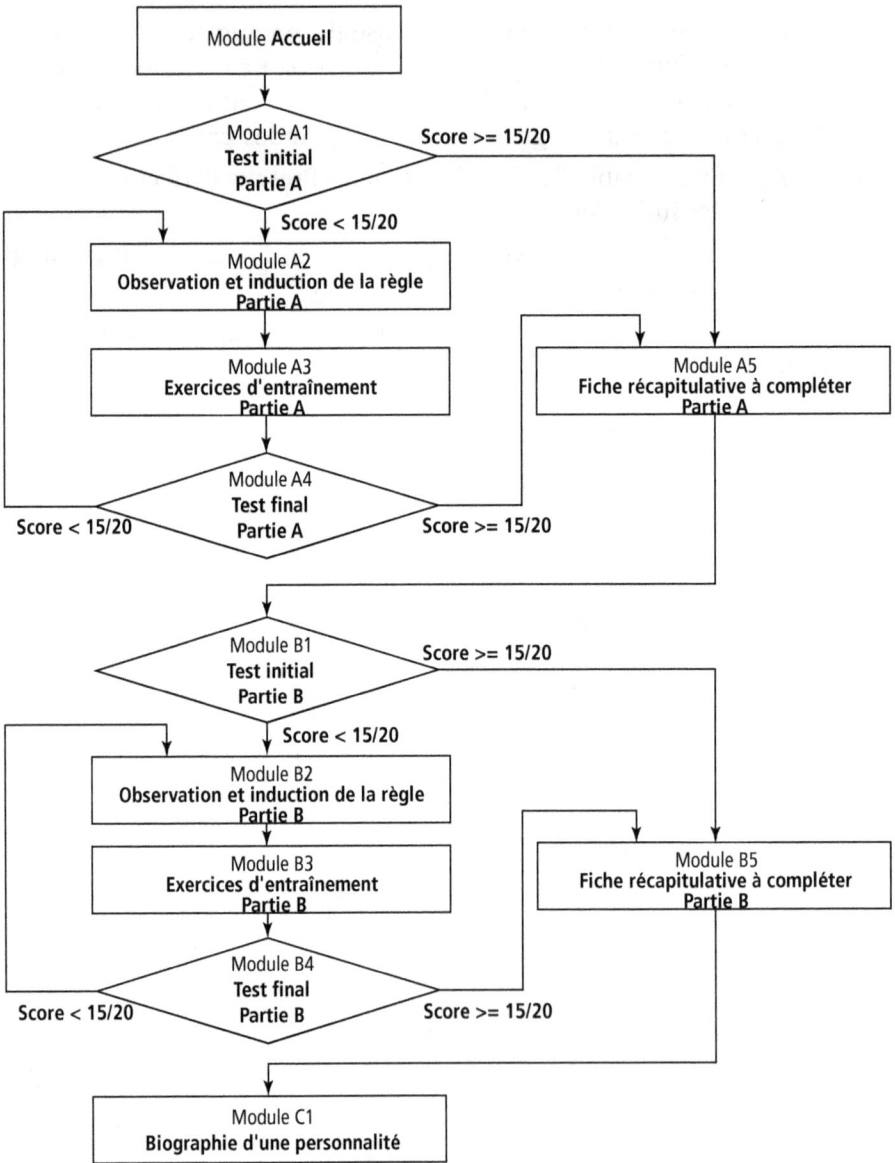

```
                    ┌─────────────────────────┐
                    │      Module Accueil       │
                    └─────────────────────────┘
                                 │
                                 ▼
              ╱──────────────────────────────╲          Score >= 15/20
              ╲         Module A1              ╱─────────────────────────────┐
              ╱         Test initial           ╲                             │
              ╲         Partie A               ╱                             │
               ╲──────────────────────────────╱                             │
                                 │                                           │
                          Score < 15/20                                      │
     ┌──────────┐                ▼                                           │
     │          ┌─────────────────────────────┐                             │
     │          │       Module A2              │                             │
     │          │ Observation et induction de  │                             │
     │          │ la règle   Partie A          │                             │
     │          └─────────────────────────────┘                             │
     │          ┌─────────────────────────────┐    ┌──────────────────────────────────┐
     │          │       Module A3              │    │        Module A5                   │
     │          │ Exercices d'entraînement     │    │ Fiche récapitulative à compléter   │
     │          │ Partie A                     │    │ Partie A                           │
     │          └─────────────────────────────┘    └──────────────────────────────────┘
     │                          │
     │           ╱──────────────────────────────╲
     │           ╲        Module A4               ╱
     │           ╱        Test final              ╲   Score >= 15/20
     └───────────╲        Partie A               ╱
  Score < 15/20   ╲──────────────────────────────╱
                                 │
                                 ▼
              ╱──────────────────────────────╲          Score >= 15/20
              ╲         Module B1              ╱
              ╱         Test initial           ╲
              ╲         Partie B               ╱
               ╲──────────────────────────────╱
                          Score < 15/20
     ┌──────────┐                ▼
     │          ┌─────────────────────────────┐
     │          │       Module B2              │
     │          │ Observation et induction de  │
     │          │ la règle   Partie B          │
     │          └─────────────────────────────┘
     │          ┌─────────────────────────────┐    ┌──────────────────────────────────┐
     │          │       Module B3              │    │        Module B5                   │
     │          │ Exercices d'entraînement     │    │ Fiche récapitulative à compléter   │
     │          │ Partie B                     │    │ Partie B                           │
     │          └─────────────────────────────┘    └──────────────────────────────────┘
     │                          │
     │           ╱──────────────────────────────╲
     │           ╲        Module B4               ╱
     │           ╱        Test final              ╲   Score >= 15/20
     └───────────╲        Partie B               ╱
  Score < 15/20   ╲──────────────────────────────╱
                                 │
                                 ▼
                    ┌─────────────────────────────┐
                    │       Module C1              │
                    │ Biographie d'une personnalité │
                    └─────────────────────────────┘
```

Un troisième exemple de parcours conseillé

Ceci est un troisième exemple de parcours conseillé, en mathématiques. L'objectif pédagogique de ce cours en ligne est de s'entraîner à la résolution d'équations du premier degré à une inconnue. Il se compose de deux parties :

Partie 1 ⇨ Être capable de résoudre une équation de type ax + b;

Partie 2 ⇨ Être capable de résoudre un problème concret conduisant à une équation.

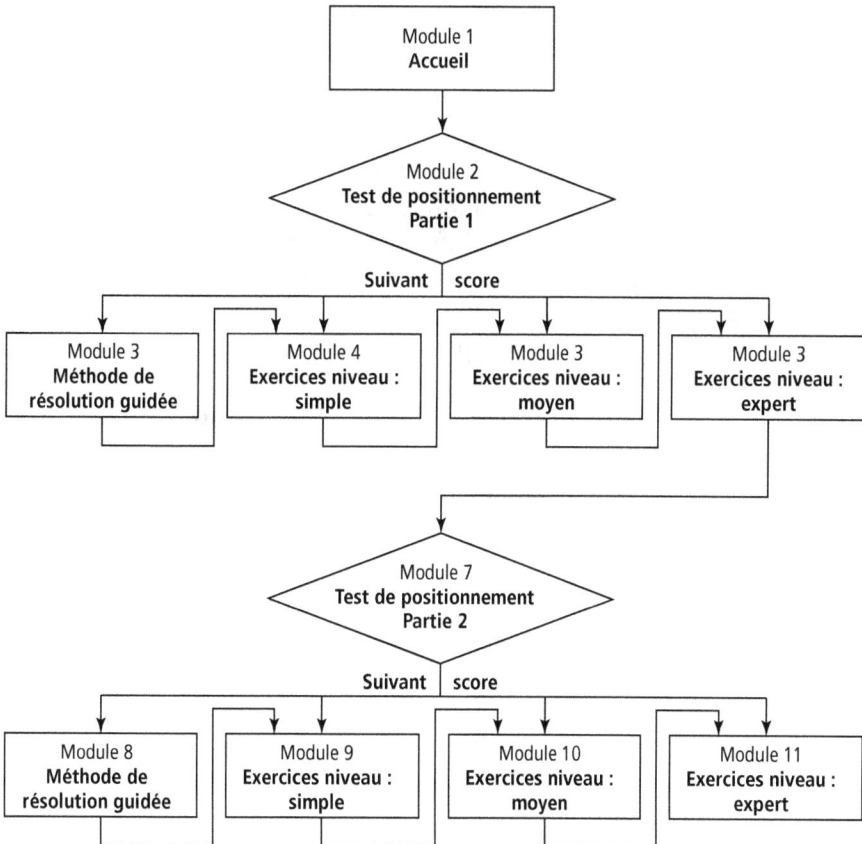

DÉCRIRE LES ACTIVITÉS INTERACTIVES

Décrire les activités de manière fonctionnelle

Dans un cours en ligne, il existe deux types de contenus :

- Des contenus « classiques » de sites web, c'est-à-dire des pages à consulter (lexique, aide), des pages où des liens permettent de faire des choix (page d'accueil).
- Des contenus spécifiques que sont les activités pédagogiques interactives.

Dans l'exemple du site sur l'organisation judiciaire, le contenu classique d'un site web se compose du module d'accueil, du module lexique, des modules d'aide. Les activités pédagogiques interactives se trouvent dans les modules d'activités de découverte, d'activités d'entraînement, de réalisation de la plaquette.

À ce stade, l'équipe de conception décrit chaque activité imaginée sous un angle fonctionnel : les informations présentées à l'élève, les tâches qui lui sont demandées, les informations auxquelles il peut avoir accès, les actions possibles de sa part, les événements déclenchés par les différentes actions possibles, les conditions de sortie de l'activité. La rédaction des informations textuelles, la description visuelle des pages-écran seront détaillées à l'étape suivante de réalisation du scénario détaillé.

Ce travail est très important si l'équipe de conception n'est pas la même que l'équipe de réalisation de la maquette sur papier, à qui il sert de base de travail.

Faire preuve d'imagination et de rigueur pour concevoir des activités interactives

De l'imagination

Il n'existe pas de recette toute faite pour concevoir une activité interactive dans un cours en ligne, tout comme il n'en existe pas pour la création d'activités dans un manuel pédagogique. C'est la créativité de l'équipe de conception qui doit la conduire à imaginer des situations propices à conduire l'élève vers l'objectif fixé. L'équipe doit en permanence s'assurer que l'activité imaginée est bien en adéquation avec cet objectif.

Des principes pédagogiques

Absence de recette ne veut pas dire absence de principes pédagogiques, qui vont optimiser l'apprentissage, afin de tirer parti des potentialités de l'ordinateur.

Un cours en ligne n'est pas la transposition d'un document imprimé

Un cours en ligne n'est pas une simple transposition en pages web d'un support de cours imprimé. La lecture à l'écran est moins rapide et plus fatigante pour les yeux que la lecture d'un document papier. Dans le chapitre suivant, consacré à la conception de la page web, seront détaillés tous les principes de lisibilité et d'ergonomie de celle-ci.

Par contre, dans certains cas, il peut être judicieux de proposer à l'élève d'imprimer un document :

• parce qu'il s'agit d'un long document textuel nécessaire à la réalisation d'une activité ;

• pour que l'élève garde une trace papier des connaissances qu'il a acquises lors de son apprentissage, éventuellement sous la forme d'un document à compléter. Un des problèmes soulevés par certains auteurs est le caractère fugace des informations apportées par l'ordinateur. De cette manière, lorsque l'élève a éteint l'ordinateur, il a une trace écrite sur laquelle s'appuyer.

L'élève est actif

Pour que l'activité ait une réelle valeur pédagogique, elle doit répondre à ces quatre fonctions essentielles :

- elle suscite chez l'élève une activité mentale qui le fait progresser vers l'objectif fixé ;
- elle maintient l'attention de l'élève ;
- elle informe l'élève sur son niveau de maîtrise de l'objectif à atteindre ;
- elle informe le logiciel sur le niveau de maîtrise de l'objectif par l'élève.

Le principe d'activité à réaliser par l'élève semble évident, mais il existe pourtant des cours en ligne qui se présentent sous la forme de « tourne-page », où les sollicitations sont essentiellement du type « clique sur le bouton suite ». Cette activité ne remplit pas les fonctions décrites plus haut, car elle n'est pas liée à la compréhension. Son unique fonction est de temporiser la présentation des informations.

On trouve également des cours en ligne plus sophistiqués, dans lesquels le contenu est présenté sous la forme d'animations à regarder. L'interactivité n'est pas forcément là, et parfois l'élève n'a même pas le contrôle sur le rythme de l'animation.

Les activités ont un rôle précis

Chaque activité va avoir un rôle précis dans le processus d'apprentissage : activité de découverte d'une notion nouvelle, activité d'entraînement ou d'exercice, activité d'évaluation.

Pour atteindre un objectif, l'élève a besoin d'exercer systématiquement les compétences mises en jeu. Il est donc important de prévoir un grand nombre d'activités lui permettant de s'entraîner, de stabiliser ses compétences. Les activités proposées doivent être adaptées aux besoins de l'élève : attention donc aux possibilités de tirage aléatoire dans des banques d'exercices. Si la construction des activités repose sur la fonction aléatoire, celle-ci doit être paramétrable, afin d'éviter que l'élève ne fasse inutilement de nombreux exercices qui ne lui apporteront rien, soit parce qu'ils sont trop faciles, ou trop difficiles, ou non pertinents.

Les activités proposées sont variées

Il n'existe pas de méthode unique, d'activité unique, de mode de représentation unique pour un apprentissage efficace. Un cours en ligne sera d'autant plus riche que les approches didactiques sont variées, que la présentation des informations est faite sous plusieurs formes (textes, images, sons). L'utilisation de plusieurs médias porteurs de la même information augmente l'impact de l'information et sa mémorisation.

Le traitement de l'erreur est constructif

Pour progresser dans un apprentissage, on doit comprendre pourquoi on se trompe. Le travail du concepteur est donc d'**anticiper** les difficultés et les obstacles que vont rencontrer les élèves dans leur processus d'apprentissage, et recenser les erreurs que des élèves sont susceptibles de faire en réponse à une sollicitation.

EXEMPLE

Indiquez le montant de la TVA sur un livre acheté 27 €.

Trois erreurs sont couramment faites :

– calculer la TVA sur le montant TTC ;

– calculer la TVA au taux de 19,6 % alors que le taux applicable aux livres est de 5,5 % ;

– calculer le montant Hors Taxes du livre, à la place de la TVA.

Si on recense toutes les réponses prévisibles, on obtient :

Réponse correcte
TVA calculée sur le TTC
TVA calculée avec taux 19,6 %
Calcul du montant HT
Toute autre réponse

Activité sur la TVA proposée à l'élève

Un message adapté

Lorsque l'élève a indiqué sa réponse, le message envoyé par le site en retour doit l'aider dans son apprentissage.

Les réponses correctes doivent donner lieu à un message qui confirme à l'élève la pertinence de sa réponse. Cela peut se limiter à un son, ou venir renforcer la réponse en donnant une explication complémentaire.

Chaque erreur prévisible va donner lieu à un message de remédiation spécifique. Ces messages sont bien plus efficaces que des messages standards du type «Incorrect» ou «Réponse fausse», qui n'aident pas l'élève à comprendre son erreur.

Les réponses non prévues que sont toutes les autres réponses que peut fournir l'élève doivent donner lieu à un message d'erreur plus général.

Dans notre exemple de la TVA, voici des messages tels qu'ils pourraient être rédigés à l'étape de réalisation du scénario détaillé, afin d'aider l'élève à progresser :

Réponses	Messages
Réponse correcte	Bonne réponse, la TVA se calcule bien en multipliant le montant HT par le taux de TVA
TVA calculée sur le TTC	Non, il faut calculer la TVA à partir du montant Hors Taxes.
TVA calculée avec taux 19,6 %	Attention, les livres sont taxés au taux réduit !
Calcul du montant HT	Non, vous venez d'indiquer le montant Hors Taxes du livre.
Toute autre réponse	Ce montant est faux, la TVA se calcule en multipliant le montant Hors taxes du livre par le taux de TVA.

Un message adapté à l'erreur de l'élève

La suite à donner fait progresser l'élève

Le message de confirmation ou de remédiation ayant été donné, l'équipe de conception doit prévoir le branchement sur la suite à donner à l'activité interactive. Si la réponse donnée a été jugée comme correcte, il s'agit de faire un branchement de sortie de l'activité (retour à un menu, affichage d'une nouvelle activité…). Dans le cas contraire, l'équipe de conception peut prévoir un bouclage sur la sollicitation, l'envoi vers une aide plus élaborée, le choix pour l'élève d'accéder à la réponse correcte, l'envoi vers une activité plus simple...

Attention : il faut absolument que l'élève ne reste pas bloqué sur l'activité, ni ne boucle indéfiniment, l'équipe de conception doit donc prévoir une sortie possible, en cas de dépassement d'un certain nombre d'essais ou lorsqu'un délai est écoulé.

Exemple de description fonctionnelle d'une activité interactive

Prenons comme exemple la description fonctionnelle de l'activité d'entraînement de la partie *Identifier le tribunal compétent.*

Rappel de l'idée générale

Dans cette activité interactive, l'idée est de proposer à l'élève de répondre à différentes personnes qui téléphonent au palais de justice. L'interlocuteur s'interroge sur le tribunal compétent pour régler son litige, l'élève est chargé de le lui indiquer.

Premières informations données à l'élève

Affichage à l'écran de 10 personnes au téléphone.

Action possible de la part de l'élève

Choisir une personne parmi les dix.

INFORMATIONS DONNÉES À L'ÉLÈVE

Affichage à l'écran des explications détaillées concernant le litige, données par la personne, avec la question que celle-ci pose : « Quel est le tribunal compétent pour mon litige ? »

Actions possibles de la part de l'élève

❑ Consulter le lexique.

❑ Consulter l'aide.

❏ Retourner à la page affichant les 10 personnes au téléphone.

❏ Indiquer sa réponse à la personne :

- Bonne réponse ⇒ Message de confirmation ⇒ Retour à la page affichant les 10 personnes.

- Si erreur sur l'ordre (judiciaire ou administratif) ⇒ Message d'explication sur la nature du litige ⇒ Nouvel essai.

- Si erreur sur le type de juridiction (civile ou pénale) ⇒ Message d'explication sur la nature du litige ⇒ Nouvel essai.

- Si erreur avec le bon type de juridiction, mais le tribunal incorrect ⇒ Message d'explication adapté ⇒ Nouvel essai.

- Si trois essais incorrects effectués ⇒ Affichage d'une QCM proposant à l'élève de faire un choix dans la liste des différents tribunaux.

Autre exemple de description fonctionnelle d'une activité interactive

Prenons maintenant comme exemple une activité interactive en mathématique. Cette activité fait partie du module 4 (voir le troisième exemple de parcours conseillé), composé d'exercices simples de résolution d'équations du premier degré.

INFORMATIONS DONNÉES À L'ÉLÈVE

Affichage à l'écran d'une équation de type $ax+b=c$ et d'une illustration représentant une balance Roberval équilibrée avec les données de l'équation. La question posée à l'élève est : « Quelle est la valeur de x ? »

Actions possibles de la part de l'élève

❏ Consulter la méthode de résolution guidée

❏ Indiquer sa réponse :

- Bonne réponse ⇒ Message de confirmation et affichage du poids de valeur x sur l'illustration ⇒ Passage à l'exercice suivant.

- Si erreur premier essai ⇒ Affichage de l'équation sous la forme $ax = c - b$, et son équivalent sur la balance Roberval ⇒ Nouvel essai.

– Si erreur deuxième essai ⇒ Affichage de l'équation sous la forme x = (c − b)/a, et son équivalent sur la balance Roberval ⇒ Nouvel essai.

– Si erreur troisième essai ⇒ Affichage de la bonne réponse, et affichage du poids de valeur x sur l'illustration ⇒ Passage à l'exercice suivant.

BILAN D'ÉTAPE

Cette étape se concrétise par un document reprenant toutes les phases de travail décrites dans ce chapitre : définition des objectifs, contenus associés, fil conducteur, structure générale du site, description des activités interactives. Ce document est le support qui va servir à l'étape suivante : la réalisation du scénario détaillé. Cette étape est développée dans le chapitre suivant.

5 Passer à la réalisation du scénario détaillé

Un cours en ligne, comme tout site web, est composé de pages-écran reliées entre elles par des liens hypertexte. La page-écran est l'unité élémentaire d'un cours en ligne : c'est l'unité de communication avec l'élève.

Lors de l'étape de réalisation du scénario détaillé, l'équipe de conception doit :

- Définir le système de navigation adapté ;

- Établir la charte graphique du site, c'est-à-dire l'aspect visuel général ;

- Réaliser la maquette sur papier du site, c'est-à-dire faire la description détaillée du contenu de chaque page-écran, avec les conditions d'enchaînement des pages entre elles.

Réaliser le scénario détaillé consiste à préparer sur le papier tout ce qui sera saisi sur support informatique.

Il est également judicieux, lors de cette étape de réalisation du scénario détaillé, d'élaborer un prototype. Le prototype est une petite partie du site, entièrement réalisée techniquement, que l'on peut tester à l'écran. Le prototype donne ainsi une idée fidèle du produit final complet.

Pratiquement, les modalités de réalisation du scénario détaillé vont dépendre des outils informatiques utilisés pour la réalisation technique. Certains outils informatiques proposent des modèles de charte graphique, des modèles de système de navigation. Ils proposent également des enchaînements prédéfinis des pages-écran, ces pages-écran sont regroupées en modules, chapitres. Ils offrent ainsi une assistance précieuse pour la conception. D'autres outils laissent l'équipe de conception entièrement libre, elle doit alors tout construire, tout créer.

Dans l'exemple sur l'organisation judiciaire en France, les concepteurs ont choisi de développer le cours en ligne avec Dreamweaver, logiciel de création de sites dits « classiques », doté de l'extension CourseBuilder. CourseBuilder permet de créer facilement des activités interactives sans programmation. Ce choix les laisse libres dans la création de la charte graphique, de la structure, et du système de navigation.

DÉTERMINER LE SYSTÈME DE NAVIGATION

De la structure générale du site va découler le système de navigation pour cheminer dans cette structure.

Un bon système de navigation doit être simple et clair, son fonctionnement doit être compréhensible intuitivement, sans mode d'emploi. Il doit servir de repère, pour indiquer à l'utilisateur où il se trouve dans la structure du site. Il doit également permettre à l'utilisateur de repérer facilement où il est déjà allé, où il peut aller et d'y aller rapidement. C'est le principe des trois clics : l'utilisateur doit pouvoir accéder à ce qu'il souhaite en trois clics maximum.

Il n'est pas nécessaire de fournir toutes les informations possibles à l'élève, mais seulement celles dont il a besoin pour les activités qu'il fait.

Comment aider l'élève à repérer où il est

Titre présent sur chaque page

Chaque page doit avoir un titre explicite servant de repère à l'élève pour lui indiquer dans quel module il se trouve.

Present Perfect Partie A ⇨ *Test initial*

Present Perfect ou Preterit ?

Voici une liste de 10 phrases qui se traduisent par un passé composé français. Quelle forme utiliserais-tu pour compléter ces phrases ?

Look ! The cat ....all the milk ! ○ has drunk ○ drank
(Regarde ! Le chat a bu tout le lait !)

I ....3 shooting stars last night. ○ have seen ○ saw
(J'ai vu 3 étoiles filantes hier soir.)

My uncle ....old cars for 30 years. ○ has collected ○ collected
(Mon oncle a collectionné les voitures anciennes pendant plus de 30 ans)

He won't come, he....................his leg. ○ has broken ○ broke
(Il ne viendra pas, il s'est cassé la jambe.)

My brother ....golf for one month last summer. ○ has played ○ played
(Mon frère a joué au golf pendant un mois l'été dernier.)

Titre présent sur la page

Trace affichée sur chaque page

Il est également possible d'afficher sur chaque page la trace des options choisies dans les menus. Par exemple :

Accueil > Les tribunaux > Activité de découverte

Retour accueil	Accueil > Etude de la rentabilité > Test final

Test final page 1/5

Complétez le tableau suivant, à l'aide des données de l'activité :

	Total de l'année	Pour un article	En % du chiffre d'affaires
CHIFFRE D'AFFAIRES			
· Coût d'achat des marchandises			
MARGE COMMERCIALE			
· Autres charges variables			
MARGE SUR COUT VARIABLE			
· Charges fixes			
RESULTAT D'EXPLOITATION			

Valider vos réponses

Menu latéral : Budgets commerciaux, Calculs de coûts, Etude de la rentabilité, Choix d'investissement, Plan du site

Trace des options choisies

Page présentant le plan du site

Une page présentant un plan du site peut être accessible à tout moment à l'élève, pour lui donner une vision synthétique de la structure du site.

Accueil > Plan du site

Les outils d'aide à la décision commerciale

Plan du site

Retour accueil

Budgets commerciaux

Calculs de coûts

Etude de la rentabilité

Choix d'investissement

Etablir des budgets commerciaux
* Activité guidée
* Etude de cas
* Test final

Effectuer des calculs de coûts
* Activité guidée
* Etude de cas
* Test final

Evaluer la rentabilité d'une action
* Activité guidée
* Etude de cas
* Test final

Faire des choix d'investissement
* Activité guidée
* Etude de cas
* Test final

Page présentant le plan d'un site, en management

Comment aider l'élève à naviguer dans la structure

Une interface ou barre de navigation, constituée d'icônes, de menus ou de mots-clés, doit être présente à chaque page. Elle doit se trouver au même endroit sur toutes les pages du site, pour une bonne cohérence. Elle doit être logique : cliquer sur une icône ou un mot-clé produira toujours le même effet.

L'utilisation d'icônes dans l'interface de navigation produit un effet plus esthétique que des menus ou des mots-clés, les icônes utilisent moins de place à l'écran que du texte. Les utilisateurs préfèrent en général les interfaces de navigation avec icônes, qui donnent un aspect plus ludique au site, mais ils font plus facilement des erreurs d'interprétation. Pour être plus compréhensibles, les icônes peuvent être accompagnées d'une info-bulle. Une info-bulle est un petit texte explicatif qui s'affiche au passage de la souris sur l'icône.

L'utilisation de la barre de navigation du navigateur n'est pas à favoriser, car tous les utilisateurs n'en ont pas une bonne pratique.

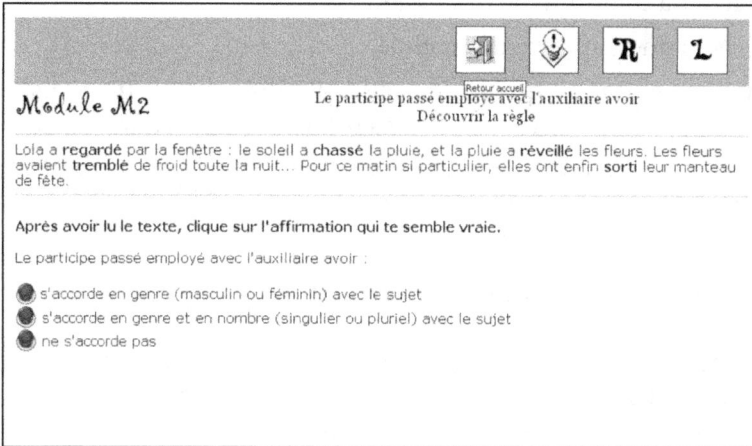

Barre de navigation avec icônes et info-bulles

Choisir judicieusement les éléments présents dans l'interface de navigation

Il n'est pas nécessaire que l'interface de navigation affiche tous les cheminements possibles dans le site, mais plutôt tous ceux qui sont utiles à l'élève pour l'activité qu'il est en train de réaliser.

• Aller à la page d'accueil.

• Retourner à la page précédente.

• Aller à la page suivante.

• Afficher le plan du site.

De plus le site doit être conçu pour donner le sentiment à l'élève d'avoir le contrôle sur le site, avec des fonctionnalités offrant le plus de souplesse possible :

- Accéder à l'aide adaptée à l'activité.
- Accéder au lexique.
- Passer une question sans y répondre.
- Accéder à la boîte aux lettres du tuteur.
- Accéder à un forum de discussion.
- Accéder au sommaire du module.

L'expérience montre que la démarche d'utiliser des outils à disposition n'est pas spontanée. Les élèves ont tendance à rester sur le cheminement principal : c'est pourquoi il est nécessaire de prévoir une interface de navigation extrêmement simple et explicite.

Exemple de système de navigation

Dans notre exemple sur l'organisation judiciaire, l'interface de navigation sera composée d'icônes accompagnées du mot-clé correspondant, pour une compréhension maximale.

Sur chaque page-écran, les icônes suivantes seront présentes :

- Aller à la page d'accueil ⇨ mot-clé Accueil.
- Afficher le plan du site ⇨ mot-clé Plan du site.

Sur chaque page-écran, sauf dans les modules de réalisation de la plaquette, les icônes suivantes seront présentes :

- Afficher la page lexique ⇨ mot-clé Lexique.
- Afficher l'aide ⇨ mot-clé Aide.

À l'intérieur des modules, l'interface de navigation permet, quand c'est pertinent :

- D'aller à la page précédemment affichée ⇨ mot-clé Retour.
- D'aller à la page suivante ⇨ mot-clé Suite.

DÉFINIR LA CHARTE GRAPHIQUE

Définir une charte graphique pour votre site, c'est décider de l'aspect visuel général que vous adopterez pour l'ensemble des pages. C'est cette charte qui donnera sa cohérence et son originalité à votre site. Un site ne ressemble à aucun autre, et tant mieux. Vive la diversité! Mais des règles s'imposent tout de même pour rendre son utilisation agréable et efficace. Comme la page-écran est le principal support de communication avec l'élève, sa présentation doit être particulièrement étudiée.

Voici différents conseils pour mettre en évidence les informations importantes et faciliter le travail de l'élève. Le terme utilisateur est souvent employé au lieu du terme élève, car les différents principes et conseils s'appliquent en général tout autant à un site classique qu'à un site d'autoformation.

Respecter le principe d'une une conception simple et claire

Les utilisateurs préfèrent toujours un site où la vitesse est rapide, avec une présentation simple et claire, à un site sophistiqué visuellement. Pour eux, l'information qu'ils y trouvent a plus d'importance que la manière dont elle est présentée.

L'ACCORD DU PARTICIPE PASSE

POUR TOUT SAVOIR

Retour ou site
général

Avec l'auxiliaire avoir

Le participe passé des verbes conjugués avec l'auxiliaire avoir ne se s'accorde jamais avec le sujet : il est
invariable (si aucun complément d'objet direct (COD) ne le précède).

Les enfants ont joué toute l'après-midi.

Ils auraient réussi s'ils avaient suivi nos conseils.

Voyons cela en détail SUITE

Aide
?

Exemple de conception à éviter : présentation confuse

Parce que la lecture à l'écran est plus difficile que sur un document imprimé, et parce qu'un utilisateur consulte l'écran plus qu'il ne le lit, tous les éléments présents sur la page doivent avoir leur justification. Ainsi, ne surchargez pas les pages en images et animations de toutes sortes, ce sont les principales causes de lenteur dans l'affichage des pages. Les images ou animations ne doivent pas seulement servir d'illustration, elles doivent avoir un rôle pédagogique.

© Groupe Eyrolles

Exemple de conception à éviter : illustrations inutiles

Disposer les éléments sur la page-écran de manière à créer des repères visuels

Une page web est divisée en plusieurs zones, qui doivent être stables dans tout le site, pour une question d'homogénéité du site, mais aussi pour que l'élève se crée rapidement des repères visuels.

Les différentes zones présentes sur une page sont :

• La zone d'identification de la page ;

• La zone contenant l'interface de navigation ;

• La zone d'information et de travail pour l'élève.

Position de la zone d'identification de la page

La page est généralement identifiée par un titre, qui est un repère permettant à l'élève de se situer dans le site. Ce titre doit apparaître distinctement au premier regard sur la page : il doit donc être placé dans le sens de la lecture, de préférence en haut à gauche.

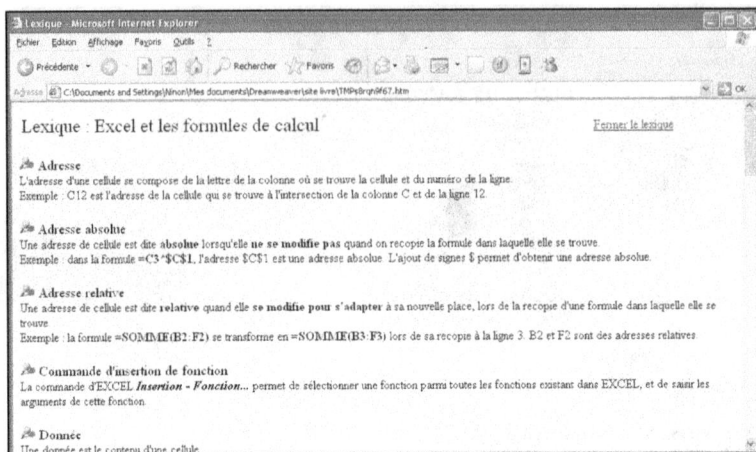

Titre de la page présent en haut à gauche

Position de l'interface de navigation

L'interface de navigation est un élément essentiel, elle doit donc être toujours visible. C'est pourquoi dans la plupart des sites elle est positionnée à gauche de l'écran. Il est également possible de la positionner horizontalement en haut de l'écran, mais le risque est qu'elle soit plus large que l'écran suivant les configurations : cela oblige l'utilisateur à utiliser l'ascenseur horizontal, ce qui rend la consultation difficile, voire très difficile si l'utilisation de l'ascenseur vertical est également nécessaire.

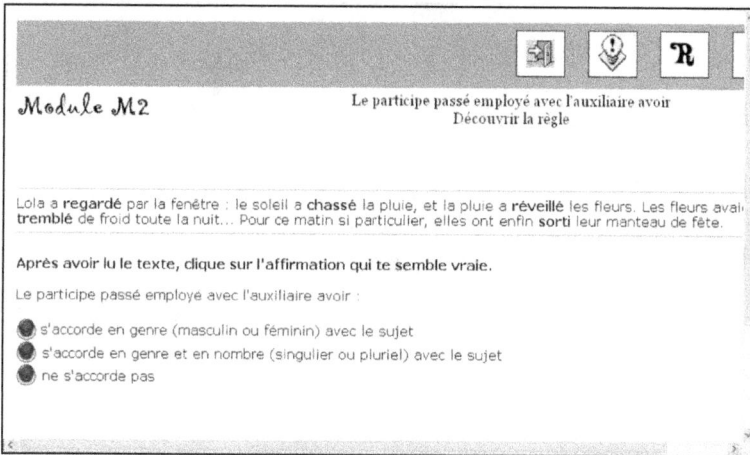

Barre de navigation obligeant à utiliser l'ascenseur horizontal

Position de la zone d'information et de travail

Le reste de la page est la zone d'information et de travail. Vous pouvez y intégrer une zone pour les consignes, une zone pour les commentaires après action de l'élève.

Choix de la résolution d'écran

Lorsque vous disposez les éléments dans la page-écran, vous devez tenir compte de la résolution d'écran utilisée par le plus grand nombre d'internautes. L'utilisation d'une résolution d'écran de 800x600 pixels semble la plus courante, même si la tendance est à une résolution plus fine.

Choisir de concevoir la page avec une résolution de 800x600 pixels paraît la solution la plus adaptée, si vous ne connaissez pas la configuration utilisée par chaque élève.

to

artcrn" />

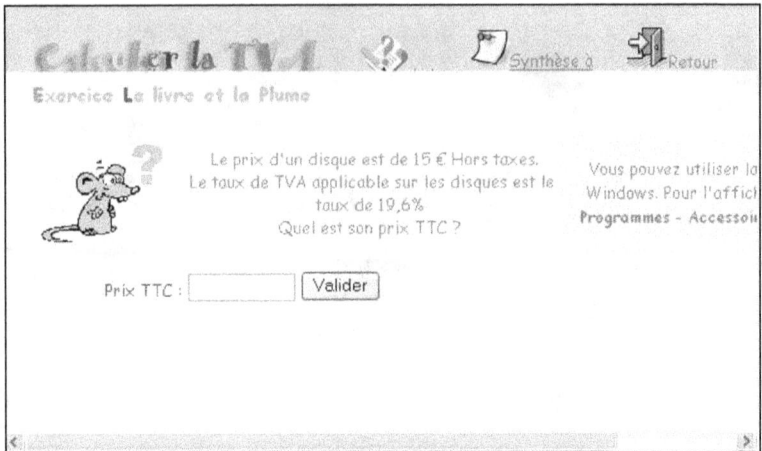

Affichage à l'écran peu ergonomique

Utiliser les couleurs à bon escient

Choix des couleurs

Plus le contraste entre la couleur du fond et la couleur du texte est fort, plus le texte est lisible. Il faut préférer une couleur neutre et claire pour le fond, c'est moins fatigant pour les yeux. On évitera les fonds marron et vert, ainsi que les fonds bariolés, car aucune couleur de texte n'est très lisible.

Il est possible techniquement de placer une image ou des motifs en arrière-plan de la page, mais le texte qui s'affiche par-dessus est alors beaucoup moins lisible que sur un fond uni.

Pour exprimer une différence, on choisira des couleurs très contrastées, et pour exprimer une similarité, des couleurs proches.

Rôle de la couleur

La couleur peut avoir deux rôles :

• Un rôle esthétique, on choisira une même gamme de couleurs sur l'ensemble du site pour assurer sa cohérence ;

• Un rôle de codage, où une couleur aura une signification particulière. Par exemple, les réponses correctes apparaissent en vert, les réponses incorrectes en rouge. Attention à ne pas utiliser trop de couleurs, car leur signification sera difficile à mémoriser.

Couleur des liens

L'utilisateur qui navigue sur le web a mémorisé qu'un groupe de mots souligné, et affiché en bleu, représente un lien : c'est la couleur d'usage sur le web. Un lien sur lequel l'utilisateur a déjà cliqué s'affiche habituellement en violet. Il est donc préférable de conserver ces couleurs d'usage si d'autres couleurs ne se justifient pas. Elles sont familières à l'utilisateur, il en comprend donc immédiatement la signification.

Choisir des polices de caractères lisibles et répandues

Le choix des polices de caractères est important pour l'aspect visuel de la page web, et pour la lisibilité.

Mais avant toute chose, il est essentiel de savoir qu'un texte s'affichera dans la police que vous avez choisie à l'unique condition **que cette police soit présente sur l'ordinateur de l'utilisateur.** À défaut, le texte s'affichera dans une police proche visuellement.

Le plus simple, pour maîtriser les effets d'affichage, est donc de choisir une police présente sur tous les ordinateurs MAC et PC. Ces polices sont essentiellement le Times, l'Helvetica et l'Arial. Le Times est très lisible par des Français, l'Helvetica et l'Arial conviennent à tous.

Deux polices ont été spécialement dessinées pour faciliter la lecture à l'écran : le Verdana et le Georgia. Le Georgia convient mieux aux lecteurs français. Elles sont téléchargeables gratuitement sur le site de Microsoft (www.microsoft.fr).

Pour utiliser des polices plus originales, et être sûr qu'elles s'affichent telles que vous le souhaitez, saisissez le texte avec un logiciel de dessin ou de retouche d'image, et enregistrez-le en tant qu'image.

C'est une technique à réserver aux titres, car les moteurs de recherche ne reconnaîtront pas le texte, et les images s'affichent plus lentement que du texte.

Certains logiciels spécialisés génèrent des pages dont le contenu est un fichier Flash, le texte sera alors affiché tel qu'il a été saisi.

De toute façon, évitez d'utiliser plus de 4 polices différentes, ou votre contenu manquera d'homogénéité.

Privilégiez l'écriture en minuscules, c'est plus lisible que les majuscules, qui ont toutes la même taille. De plus, employer des MAJUSCULES sur le web signifie CRIER. Seules quelques expressions peuvent être écrites en majuscules, pour être mises en évidence.

**Polices de caractères courantes
et polices de caractères
facilement lisibles à l'écran**

Times, **times, TIMES**
Helvetica, **Helvetica**, HELVETICA
Arial, **Arial**, ARIAL
Verdana, **Verdana**, VERDANA
Georgia, **Georgia**, GEORGIA

Module M2

Le participe passé employé avec l'auxiliaire avoir
Retour accueil
Découvrir la règle

Lola a regardé par la fenêtre : le soleil a chassé la pluie, et la pluie a réveillé les fleurs. Les fleurs avaient tremblé de froid toute la nuit... Pour ce matin si particulier, elles ont enfin sorti leur manteau de fête.

Après avoir lu le texte, clique sur l'affirmation qui te semble vraie.

Le participe passé employé avec l'auxiliaire avoir :

● s'accorde en genre (masculin ou féminin) avec le sujet
● s'accorde en genre et en nombre (singulier ou pluriel) avec le sujet
● ne s'accorde pas

Police Verdana utilisée pour le corps du texte

Module M2

Le participe passé employé avec l'auxiliaire avoir
Découvrir la règle

Lola a regardé par la fenêtre : le soleil a chassé la pluie, et la pluie a réveillé les fleurs. Les fleurs avaient tremblé de froid toute la nuit... Pour ce matin si particulier, elles ont enfin sorti leur manteau de fête.

Après avoir lu le texte, clique sur l'affirmation qui te semble vraie.

Le participe passé employé avec l'auxiliaire avoir :

● s'accorde en genre (masculin ou féminin) avec le sujet
● s'accorde en genre et en nombre (singulier ou pluriel) avec le sujet
● ne s'accorde pas

Textes écrits en polices peu lisibles

Respecter les règles ergonomiques pour présenter les textes

Le texte est omniprésent sur les pages web, proposer du texte agréable et facile à lire est donc primordial. La lecture à l'écran est plus difficile que sur un support imprimé. En outre l'utilisateur n'aime pas perdre son temps.

Différentes règles ergonomiques vont favoriser une lecture aisée et rapide.

Mise en page

Longueur de la page

Les utilisateurs n'aiment pas consulter des pages trop longues. Une page longue a tendance à les désorienter. Vous pouvez découper une page longue en plusieurs pages reliées par des liens hypertexte. Les liens permettent d'accéder à des informations plus détaillées. L'inconvénient de ce découpage est que cela interrompt la lecture. Il faut donc trouver un compromis, et s'adapter au public cible.

Un autre constat : les utilisateurs ne lisent souvent que ce qui apparaît à l'écran à l'affichage de la page, et ne font pas systématiquement défiler l'intégralité de cette page. On en déduit que les pages doivent être les plus courtes possible, et les liens les plus importants doivent se trouver dans la partie immédiatement visible à l'affichage.

Utilisation des ancres

Une ancre est un lien spécial : quand l'utilisateur clique dessus, une autre partie de la page courante s'affiche à l'écran. C'est une technique intéressante pour naviguer rapidement dans une longue page, mais elle peut être perturbante pour l'utilisateur, qui n'a pas forcément conscience de s'être déplacé à l'intérieur d'une même page. Il s'attend à ce que le lien le conduise à une autre page.

Longueur des lignes de texte

Il faut éviter des lignes trop longues : elles obligent l'utilisateur à manipuler l'ascenseur horizontal, très perturbant pour la lecture.

Utiliser des tableaux HTML permet d'imposer la largeur du texte qui s'inscrit à l'écran. Pour qu'un texte reste lisible, 60 caractères par ligne sont un nombre à ne pas dépasser.

Alignement du texte

Le texte doit plutôt être aligné à gauche. Cet alignement fixe le point de départ de la lecture, rendue ainsi plus rapide.

Taille du texte

Si vous n'utilisez pas les styles, vous pouvez déterminer la taille des caractères du texte courant en utilisant la balise HTML < FONT SIZE = « 3 » >. La valeur 3 généralement choisie peut être réglée à son idée par l'utilisateur, ce qui est appréciable pour les utilisateurs malvoyants.

En utilisant une taille de 4 ou de 2 pour d'autres parties du texte, vous pouvez jouer sur la taille des textes.

Utilisation des styles

L'utilisation des styles lors de la création des pages web permet de dissocier le contenu de la présentation de ce contenu. La plupart des logiciels proposés au chapitre 6 permettent de définir des styles pour la mise en page et l'apparence des différents éléments de la page. En modifiant le style, vous modifiez automatiquement la mise en page et la présentation de toutes les pages utilisant ce style.

Les styles assurent ainsi la cohérence visuelle du site, et simplifient la mise à jour.

Exemple de charte graphique

Voici la charte graphique définie pour le site de l'organisation judiciaire en France :

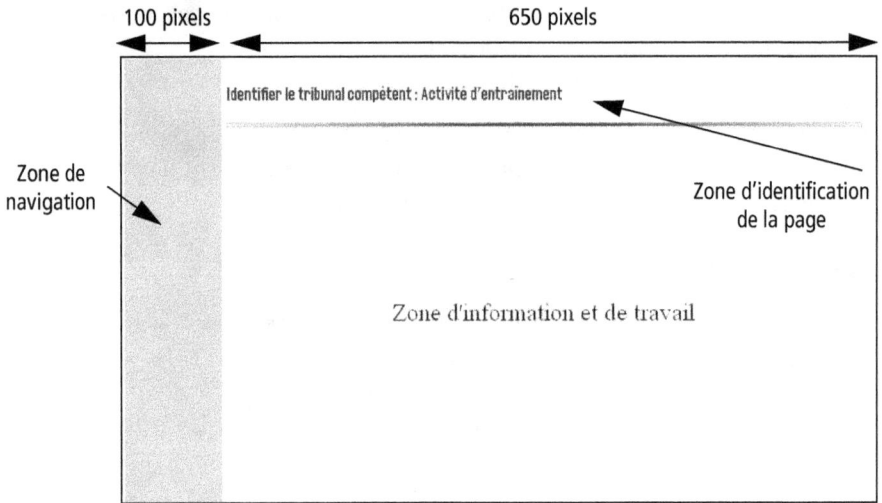

Choix des couleurs

Fond blanc.

Barre de navigation jaune pâle.

Couleur du texte standard : bleu foncé.

Choix des polices

Police pour le texte standard : Verdana taille 2.

Police pour les titres : Police fantaisie de couleur bleue (au format image).

Composition du titre

Nom de la partie étudiée + nom du module étudié.

ÉLABORER LA MAQUETTE SUR PAPIER

Il s'agit là de décrire le plus précisément possible le contenu de chaque page-écran susceptible d'être visualisée par l'élève. Le contenu décrit dans la maquette va être constitué de textes (apport pédagogique, consigne, commentaire affiché suite à une action de l'élève), d'images fixes ou animées, éventuellement de sons, de séquences vidéo. La maquette décrit également l'enchaînement des pages entre elles, c'est-à-dire les branchements possibles, suivant l'action menée par l'élève.

Chaque équipe de conception choisit de réaliser la maquette sous la forme qui lui paraît la plus adaptée, adaptée pour une compréhension optimale entre les différents membres de cette équipe, et adaptée à l'outil de réalisation technique et à l'équipe chargée de cette réalisation.

Se montrer très rigoureux pour la rédaction des textes

Écrire simplement

Utilisez un vocabulaire simple : cela facilite la lecture. Éliminez tout effet de langage ou de rhétorique pour livrer d'emblée l'essentiel du message à faire passer : un utilisateur ne prend pas connaissance du contenu d'un écran de la même façon qu'un document imprimé ; il le consulte plus qu'il ne le lit.

Simplicité ne veut pas dire pauvreté du vocabulaire : la langue française est suffisamment riche pour trouver le mot juste.

Écrire avec concision

Lors de la rédaction des textes, allez à l'essentiel : le message doit être court, pour être lu rapidement et sans ambiguïté. Plus les informations sont nombreuses, plus le risque de confusion est grand. Employez la forme affirmative de préférence, elle est plus rapide à comprendre que la forme négative, source de confusion.

Les phrases courtes, de 12 à 20 mots maximum, sont plus lisibles que les phrases longues. Les mots courts de 2 ou 3 syllabes sont également plus lisibles que les mots longs. Attention tout de même à la monotonie, s'il n'y a que des phrases très courtes : l'alternance de phrases plus ou moins longues, avec des signes de ponctuation variés, crée un texte dynamique.

Même si la concision est de mise, évitez les abréviations, car elles rendent un texte plus difficile à lire.

Soignez particulièrement la rédaction des consignes, afin de permettre à l'élève de se concentrer sur la tâche à réaliser plutôt que sur la manière de le faire.

Bien utiliser les liens hypertexte

En cliquant sur un mot ou sur une image, l'utilisateur provoque l'affichage d'une nouvelle page, ou d'une nouvelle fenêtre.

Attention : un trop grand nombre de liens dans un texte risque de perdre l'utilisateur comme dans un labyrinthe.

Il paraît préférable de ne pas perturber la lecture avec des liens placés dans le corps du texte. Il est mieux de les placer dans un encadré à la fin du texte.

Une autre possibilité est de placer des liens dans le corps du texte, mais ces liens ne provoquent pas l'affichage d'une nouvelle page, ils déclenchent l'apparition d'une boîte de dialogue, petite fenêtre *popup* qui s'affiche en superposition de la page, et se referme d'un simple clic.

Mettre certains textes en évidence

Pour faciliter la lecture, le texte affiché ne doit pas être uniforme. Placez des repères visuels, structurez le texte en plusieurs paragraphes, mettez en évidence certains éléments :

• Présentez le texte dans des tableaux.

• Utilisez les listes à puce.

• Faites des encadrements de certaines parties du texte.

- Faites ressortir certaines parties du texte en utilisant le surlignage, des couleurs différentes, des tailles de texte variées, le clignotement, la mise en gras.

Les mises en évidence doivent être **limitées** dans la page, elles ne seront pas efficaces si elles surchargent l'écran.

Cas du clignotement

Le clignotement est un moyen très efficace, mais c'est aussi le plus fatigant, et il distrait l'attention de l'utilisateur.

Cas de la mise en gras

La mise en gras est tout à fait lisible, si elle est utilisée par contraste avec le texte normal, mais un texte entier mis en gras est fatigant à lire.

Cas de l'italique

L'italique est peu lisible à l'écran : il est donc à limiter.

Cas du soulignement

L'usage sur le web veut que les mots soulignés indiquent un lien hypertexte. Ne perturbez pas l'utilisateur en soulignant des mots uniquement pour les mettre en évidence.

Utiliser des images seulement quand cela se justifie

Il faut insister sur le fait que la présence d'images doit avoir sa justification pédagogique.

Le chargement des images est la principale cause de lenteur dans l'affichage des pages. Pour rendre l'affichage des images agréable pour l'utilisateur, différentes techniques peuvent être employées :

- Utiliser plusieurs fois la même image dans le site, car une fois qu'elle est téléchargée, cette image se trouve dans le cache du navigateur ;
- Placer du texte à lire en haut de la page, car un temps d'affichage long pour une page complète est moins gênant si une partie au moins de la page apparaît rapidement, l'utilisateur a ainsi de quoi s'occuper.

Utilisation des images animées

Il est très difficile de se concentrer sur la lecture d'un texte lorsqu'il existe une image animée sur la page. Évitez-les si le message peut être exprimé de façon fixe.

Les animations vont néanmoins être utiles dans plusieurs cas.

L'animation peut servir à expliquer un processus, un enchaînement d'opérations, pour une simulation (Exemples : déplacement d'un personnage dans un lieu, apparition progressive d'informations pour compléter un document, fonctionnement d'un matériel).

Une animation se justifie également pour attirer l'attention de l'utilisateur sur un élément particulièrement important de la page ; il doit focaliser son attention dessus.

Intégrer des sons et des séquences vidéo uniquement en fonction de leur utilité pédagogique

Le son peut avoir plusieurs rôles dans un site web :
- son d'ambiance pour transmettre une atmosphère ;
- paroles enregistrées, pour transmettre un message ;
- sons particuliers pour informer l'utilisateur de l'apparition d'événements.

Une séquence vidéo peut être un support pédagogique très intéressant pour plonger l'élève dans un environnement, pour présenter de façon réaliste une situation, un processus, visite d'un laboratoire, fonctionnement d'une machine, entretien de vente, témoignage d'une personne. La séquence vidéo doit pouvoir être visualisée plusieurs fois par l'élève.

Il est très important de réfléchir à l'utilité pédagogique de la séquence vidéo, tout comme l'intégration des sons, car même compressés, les fichiers son et vidéo sont longs à télécharger, ce qui peut déconcentrer ou démotiver l'élève.

Traiter la page d'accueil comme un cas particulier

La page d'accueil du cours en ligne est la première page qui s'affiche au lancement du site.

On constate qu'il existe deux types de page d'accueil : la page d'accueil de type porte d'entrée, et celle de type hall d'entrée.

La page d'accueil de type porte d'entrée identifie éventuellement le site, en indiquant son nom, son logo, ou en présentant une animation, et propose à l'utilisateur de cliquer pour entrer. Ce type de page d'accueil n'a pas grand intérêt, car les utilisateurs n'aiment pas perdre leur temps.

La page d'accueil de type hall d'entrée doit informer les utilisateurs des possibilités du site, elle doit leur donner une image globale du contenu, elle contient la barre de navigation et permet d'exploiter immédiatement le site.

Pour un site d'autoformation, elle doit apporter à l'élève les informations supplémentaires suivantes :

• titre de la séquence ;

• objectifs de la séquence ;

• public ;

• identification de l'équipe de développement ;

• conseils et conditions d'utilisation ;

• date de la dernière mise à jour.

Même si la page d'accueil doit permettre à chaque utilisateur d'aller rapidement là où se trouve son besoin, pensez qu'elle a pour rôle d'aiguiller l'utilisateur, ne noyez donc pas celui-ci avec une multitude de choix.

Page d'accueil du site sur l'organisation judiciaire :

Page d'accueil du cours en ligne sur l'organisation judiciaire

Exemples de maquette sur papier

1er EXEMPLE

Voici le contenu détaillé de quelques pages-écran du module d'entraînement *Identifier le tribunal compétent*.

Codage des pages-écran

L'équipe de réalisation de la maquette définit un codage pour identifier chaque page-écran, par exemple :

P1AE1 ⇨ Partie 1 Activité d'Entraînement Page 1

Page-écran P1AE1 – Description détaillée et enchaînements

Description détaillée de la page-écran P1AE1

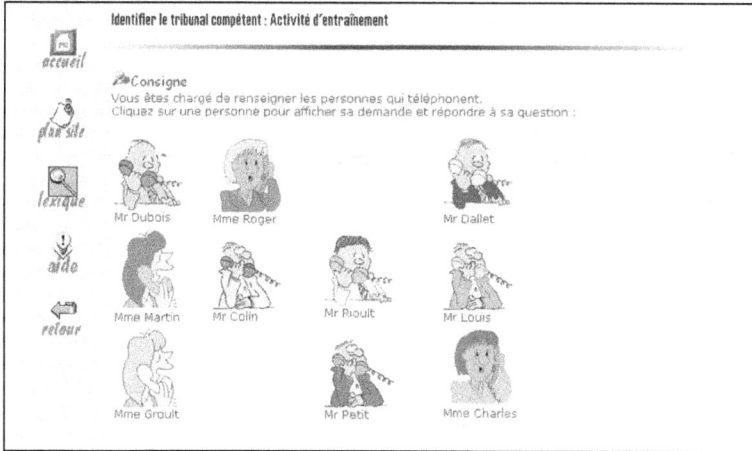

Page-écran P1 AE1

Actions de l'élève et enchaînements de P1AE1 :

Barre de navigation

⊕ Clic sur icône accueil ⇨ Page Accueil.

⊕ Clic sur icône plan du site ⇨ Page Plan du site.

⊕ Clic sur icône lexique ⇨ Page Lexique.

⊕ Clic sur icône aide ⇨ Page P1 Aide.

⊕ Clic sur icône retour ⇨ Page précédemment affichée.

Zone d'information et de travail

⊕ Clic sur personnage Dubois ⇨ Page-écran P1 AE2.

⊕ Clic sur personnage Roger ⇨ Page-écran P1 AE3.

⊕ Clic sur personnage Dallet ⇨ Page-écran P1 AE4.

⊕ Clic sur personnage Martin ⇨ Page-écran P1 AE5.

⊕ Clic sur personnage Colin ⇨ Page-écran P1 AE6.

🖰 Clic sur personnage Rioult ⇨ Page-écran P1 AE7.

🖰 Clic sur personnage Louis ⇨ Page-écran P1 AE8.

🖰 Clic sur personnage Groult ⇨ Page-écran P1 AE9.

🖰 Clic sur personnage Petit ⇨ Page-écran P1 AE210.

🖰 Clic sur personnage Charles ⇨ Page-écran P1 AE11.

Page-écran P1AE2 – Description détaillée et enchaînements

Description détaillée de la page-écran P1 AE2

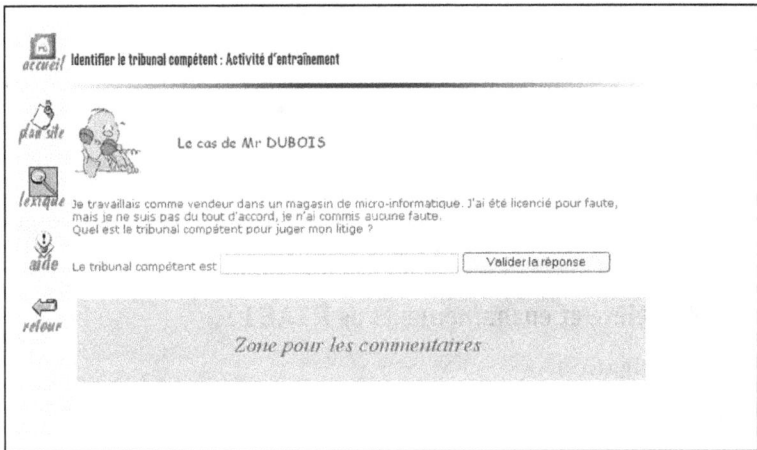

Page-écran P1AE2

Actions de l'élève et enchaînements de P1 AE2 :

Barre de navigation

🖰 Clic sur icône accueil ⇨ Page Accueil.

🖰 Clic sur icône plan du site ⇨ Page Plan du site.

🖰 Clic sur icône lexique ⇨ Page Lexique.

🖰 Clic sur icône aide ⇨ Page P1 Aide.

🖰 Clic sur icône retour ⇨ Page précédemment affichée.

Zone d'information et de travail

⌨ Saisie de l'expression contenant **conseil** puis **de** ou **des** puis **prud'hommes** ou **prud'hommes** ⇨ Affichage du commentaire : **Oui, le tribunal compétent pour régler les litiges entre employeur et salarié est le conseil de prud'hommes** ⇨ Affichage de la consigne : **Cliquez sur le bouton retour.**

⌨ Saisie de l'expression **tribunal administratif** ⇨ Affichage du commentaire : Non, le tribunal administratif est une juridiction de l'ordre administratif, chargé de régler les litiges avec l'administration, ce qui n'est pas le cas. **Faites un nouvel essai.**

⌨ Saisie de l'expression **tribunal de police** ou **tribunal correctionnel** ou **cour d'assises** ⇨ Affichage du commentaire : Non, vous venez d'indiquer une juridiction pénale, chargée de juger les infractions à la loi. Il s'agit dans notre cas de régler un litige entre deux personnes. **Faites un nouvel essai.**

⌨ Saisie de l'expression **tribunal d'instance** ou **tribunal de grande instance** ou **tribunal de commerce** ⇨ Affichage du commentaire : Non. Il s'agit bien d'un litige entre deux personnes, mais ces deux personnes ont un lien particulier. **Faites un nouvel essai.**

⌨ Saisie de toute autre réponse ⇨ Affichage du commentaire : **Non, ce n'est pas le nom du tribunal compétent. Faites un nouvel essai.**

⌨ Si trois essais incorrects ⇨ Page P1AE2A.

Page-écran P1AE2A – Description détaillée et enchaînements

Description détaillée de la page-écran P1AE2A

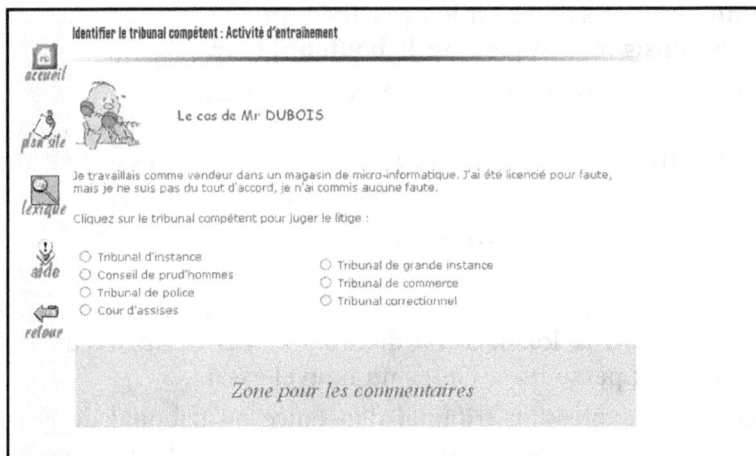

Page-écran P1AE2A

Actions de l'élève et enchaînements de P1AE2A :

Barre de navigation

Mêmes actions de l'élève et enchaînements que la barre de navigation de P1AE2.

Zone d'information et de travail

- Clic sur bouton Conseil de prud'hommes ⇨ Affichage du commentaire : **Oui, le tribunal compétent pour régler les litiges entre employeur et salarié est le conseil de prud'hommes** ⇨ Affichage de la consigne : **Cliquez sur le bouton retour.**

- Clic sur bouton **Tribunal d'instance** ou bouton **Tribunal de grande d'instance** ou bouton **Tribunal de commerce** ⇨ Affichage du commentaire : **Non. Il s'agit bien d'un litige entre deux personnes, mais ces deux personnes ont un lien particulier. Faites un nouveau choix.**

🖑 Clic sur bouton **Tribunal de police** ou bouton **Tribunal correctionnel** ou bouton **Cour d'assises** ⇨ Affichage du commentaire : **Non, vous venez d'indiquer une juridiction pénale, chargée de juger les infractions à la loi. Il s'agit dans notre cas de régler un litige entre deux personnes. Faites un nouveau choix.**

DEUXIÈME EXEMPLE

Voici un deuxième extrait de maquette sur papier, tiré d'un cours en ligne de mathématiques. Cette maquette correspond à l'activité interactive donnée comme exemple et décrite de manière fonctionnelle au chapitre précédent : il s'agit d'un exercice simple de résolution d'équations du premier degré.

Codage des pages-écran

Le codage choisi pour l'identification des pages-écran est le suivant :

Page-écran M1-1 : Module 1 Page-écran 1

Page-écran M4-1 – Description détaillée et enchaînements

Description détaillée de la page-écran M4-1

Module 4 *Résoudre une équation* ⇨ *Exercices simples*

Exercice n°1 / 10

accueil

méthode

Résous l'équation **3x + 32 = 95**

x est la masse en grammes pour que la balance soit équilibrée :

Indique la valeur de x en déplaçant le curseur ci-dessous :

[0]

Zone pour les commentaires

Page-écran M4-1

Actions de l'élève et enchaînements de M4-1 :

Barre de navigation

🖰 Clic sur icône accueil ⇨ Module 1 Accueil.

🖰 Clic sur icône Méthode ⇨ Module 3 Méthode de résolution guidée.

Zone d'information et de travail

🖰 Déplacement du curseur sur 21 ⇨ Page-écran M4-2.

🖰 Déplacement du curseur sur autre valeur ⇨ Page-écran M4-3.

Page-écran M4-2 – Description détaillée et enchaînements

Description détaillée de la page-écran M4-2

Module 4 Résoudre une équation ⇨ *Exercices simples*

Exercice n°1 / 10

accueil

méthode

Résous l'équation **3x + 32 = 95**

x est la masse en grammes pour que la balance soit équilibrée :

Indique la valeur de x en déplaçant le curseur ci-dessous :　21

Oui, la balance reste équilibrée pour x=21.
21 est donc la solution de l'équation 3x+32=95.

Pour passer à l'exercice suivant

Page-écran M4-2

Actions de l'élève et enchaînements de M4-2 :

Barre de navigation

🖰 Clic sur icône accueil ⇨ Module 1 Accueil.

🖰 Clic sur icône Méthode ⇨ Module 3 Méthode de résolution guidée.

Zone d'information et de travail

🖑 Clic sur *Pour passer à l'exercice suivant* ⇨ Page-écran M4-6.

Page-écran M4-3 – Description détaillée et enchaînements

Description détaillée de la page-écran M4-3

Page-écran M4-3

Actions de l'élève et enchaînements de M4-3 :

Barre de navigation

🖑 Clic sur icône accueil ⇨ Module 1 Accueil.

🖑 Clic sur icône Méthode ⇨ Module 3 Méthode de résolution guidée.

Zone d'information et de travail

🖑 Déplacement du curseur sur 21 ⇨ Page-écran M4-2.

🖑 Déplacement du curseur sur autre valeur ⇨ Page-écran M4-4.

Page-écran M4-4 – Description détaillée et enchaînements

Description détaillée de la page-écran M4-4

Module 4 Résoudre une équation ⇨ *Exercices simples*

Exercice n°1 / 10

accueil

méthode

Résous l'équation **3x + 32 = 95**

x est la masse en grammes pour que la balance soit équilibrée :

63/3= 21

Indique la valeur de x en déplaçant le curseur ci-dessous :

0

Non, ce n'est pas la bonne valeur de x.
La deuxième étape pour résoudre l'équation est de diviser par 3 de chaque côté pour
garder l'équilibre : 3x/3 = 63/3
Termine de résoudre cette équation, et indique la valeur de x en déplaçant le curseur.

Page-écran M4-4

Actions de l'élève et enchaînements de M4-4 :

Barre de navigation

🖱 Clic sur icône accueil ⇨ Module 1 Accueil.

🖱 Clic sur icône Méthode ⇨ Module 3 Méthode de résolution guidée.

Zone d'information et de travail

🖱 Déplacement du curseur sur 21 ⇨ Page-écran M4-2.

🖱 Déplacement du curseur sur autre valeur ⇨ Page-écran M4-5.

Page-écran M4-5 – Description détaillée et enchaînements

Description détaillée de la page-écran M4-5

Module 4 Résoudre une équation ⇨ Exercices simples

Exercice n°1 / 10

accueil

méthode

Résous l'équation **3x + 32 = 95**

x est la masse en grammes pour que la balance soit équilibrée :

63/3= 21

Indique la valeur de x en déplaçant le curseur ci-dessous :

21

Non, ce n'est pas la bonne valeur de x.
La valeur de x telle que l'égalité soit vraie est **21**

Tu peux revoir la méthode de résolution guidée ou passer à l'exercice suivant

Page-écran M4-5

Actions de l'élève et enchaînements de M4-5 :

Barre de navigation

🖰 Clic sur icône accueil ⇨ Module 1 Accueil.

🖰 Clic sur icône Méthode ⇨ Module 3 Méthode de résolution guidée.

Zone d'information et de travail

🖰 Clic sur *méthode de résolution guidée* ⇨ Module 3 Méthode de résolution guidée.

🖰 Clic sur *passer à l'exercice suivant* ⇨ Page-écran M4-6.

BILAN D'ÉTAPE

Cette étape a permis de définir précisément le site tel qu'il devra se présenter et fonctionner. L'équipe de conception a établi les supports suivants :

– La description du système de navigation.
– La description de la charte graphique.
– La maquette sur papier.
– Un éventuel prototype, en collaboration avec l'équipe de réalisation.

Ces supports sont la base de travail de l'équipe de réalisation.

6 Procéder à la réalisation technique et aux tests

L'étape de réalisation technique consiste à transformer le scénario imaginé en produit opérationnel sur ordinateur, produit qui sera consultable avec un navigateur.

Si l'équipe chargée de la réalisation est composée d'informaticiens, ceux-ci vont utiliser des langages de programmation pour le web. Dans le cas contraire, vous pouvez réaliser le cours en ligne en utilisant des logiciels spécialisés, qui se maîtrisent comme des logiciels de type bureautique.

Ce chapitre vous présente une sélection de ces logiciels, classés en plusieurs catégories :

- Des logiciels spécialisés dans la création de cours en ligne.
- Des logiciels de création d'exercices interactifs.
- Des logiciels de création de sites web « classiques ».
- Des logiciels de création et de retouche d'image.

Tous les logiciels proposés dans ce chapitre existent en version française. Les adresses des sites pour se les procurer se trouvent au chapitre 8 Webographie.

CHOISIR PARMI LES LOGICIELS SPÉCIALISÉS DANS LA CRÉATION DE COURS EN LIGNE

Voici une sélection classée en quatre catégories : les logiciels spécialement conçus pour créer des cours en ligne, les plates-formes de formation pour administrer un dispositif complet de formations, et deux sortes d'outils plus spécialisés, les uns pour former à des applications informatiques, les autres pour créer des cours en ligne avec Powerpoint.

Outils complets dédiés à la création de contenus pédagogiques

Ce sont des logiciels spécialement conçus pour créer facilement des cours en ligne complets et bien structurés, sans connaissance informatique. Ils proposent en général :

• Des modèles de structures de sites, de chartes graphiques et de systèmes de navigation, modifiables selon vos préférences.

• La génération d'activités interactives variées, avec des fonctions d'analyse des réponses sophistiquées.

• La gestion des parcours des élèves en fonction de leurs besoins et de leurs résultats.

• La possibilité de générer des évaluations de prérequis, des évaluations formatives et sommatives.

Ces outils permettent au formateur, qui veut être à la fois concepteur et réalisateur, de s'affranchir des contraintes techniques pour se concentrer sur son métier, la pédagogie. La licence pour une exploitation commerciale coûte en général plusieurs milliers d'euros, il existe un tarif spécial Éducation, souvent nettement moins cher.

Ces outils créent des formations respectant la norme SCORM, qui s'impose aujourd'hui comme le standard en matière de conception de cours en ligne. Une formation qui respecte la norme SCORM sera interopérable, ou compatible, c'est-à-dire qu'elle pourra fonctionner sur tous les matériels et logiciels répondant à cette norme.

Voici une sélection de ces outils :

• Elearning maker, créé et distribué par e-doceo (France).

• MindOnSite, créé par Integral Coaching (Suisse) et distribué par Formastore (en France).

• L'Atelier HyperOffice, créé et distribué par HyperOffice (France).

• Tactic ! créé et distribué par Edu-Performance (Canada).

Voici un exemple d'écran de MindOnSite, où l'on saisit les paramètres de création d'une QCM, c'est-à-dire le titre, la question, les différents choix possibles, et les commentaires associés :

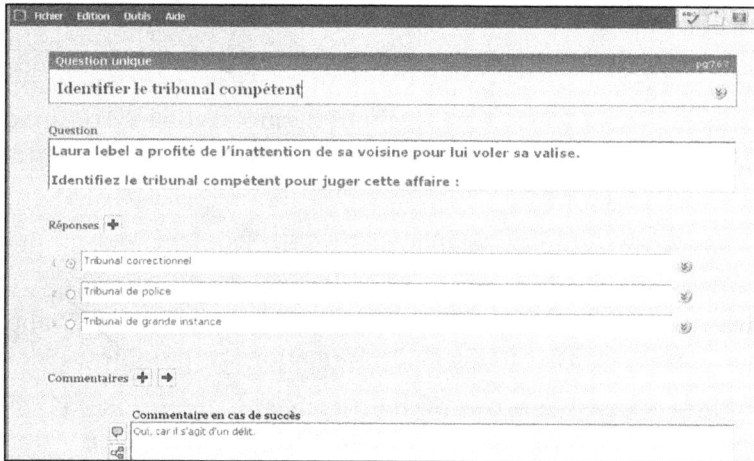

Écran de saisie d'une QCM avec MindOnSite

Et voici l'écran que verra l'élève :

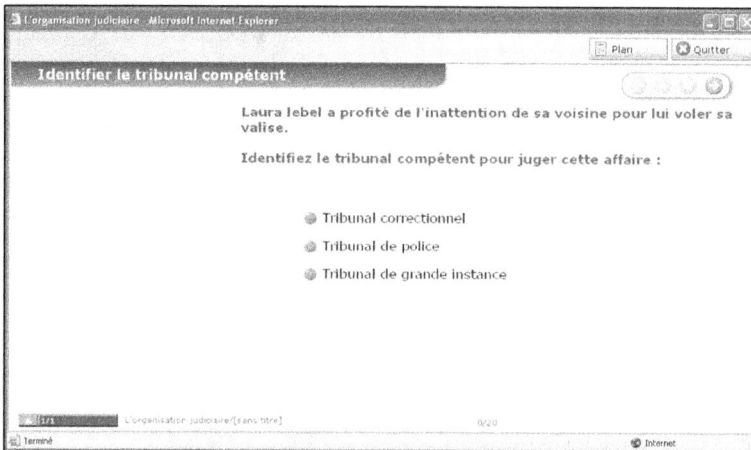

Affichage de la QCM générée avec MindOnSite

Les plates-formes de formation

Une plate-forme de formation (Learning Management System) est un logiciel placé sur un serveur, et qui permet d'administrer un dispositif complet de formation à distance, diffusé sur réseau intranet ou internet.

Elle offre différentes fonctionnalités :

• Les responsables de formation administrent la formation, en inscrivant les différents intervenants (formateurs, tuteurs, apprenants), en gérant le catalogue des formations disponibles ;

• Les tuteurs peuvent en établir des parcours individualisés pour les apprenants, suivre ceux-ci, en communiquant avec eux, en contrôlant leur progression ;

• Les apprenants peuvent accéder aux contenus de formation, selon un parcours individualisé, et accéder au suivi de leur progression (contenus étudiés, résultats obtenus) ;

• Les utilisateurs ont à leur disposition des outils pour communiquer entre eux (une messagerie interne à la plate-forme, un forum, parfois un *chat*, la possibilité de déposer des documentations numériques consultables par les autres utilisateurs, voire modifiables).

Certaines plates-formes offrent aussi des outils pour la création des contenus de formation.

Voici une sélection de quelques plates-formes de formation. Sachez qu'il en existe beaucoup, des études comparatives sont régulièrement publiées dans les sites d'information sur le e-learning présentés au chapitre 8 Webographie.

Plate-forme Ganesha

Ganesha est une plate-forme développée par une société, Anéma Formation, qui la met à disposition en téléchargement gratuit et en logiciel libre.

Ganesha ne fournit pas d'outils de création de contenus. En revanche, elle permet l'intégration de contenus en provenance d'autres logiciels, car elle est compatible SCORM.

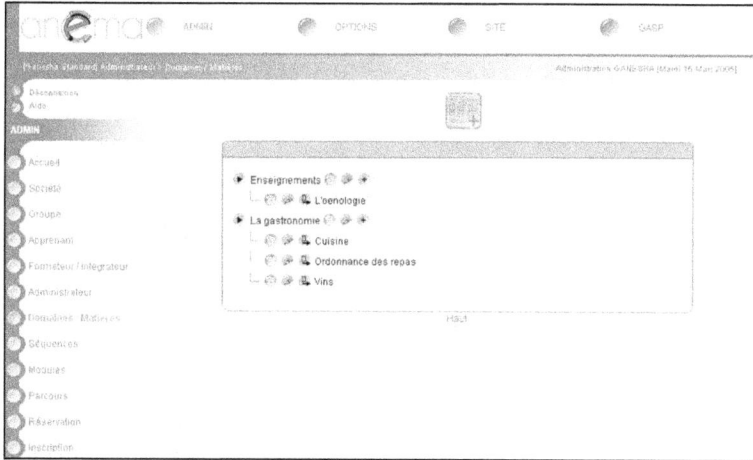

Plate-forme Ganesha

Plate-forme Claroline

Claroline est une plate-forme gratuite et en logiciel libre. Elle a été créée par l'université de Louvain, en Belgique, et de nombreux développeurs à travers le monde l'ont fait évoluer.

Elle est très simple d'utilisation, et en quelques heures, un formateur est familiarisé avec les outils de création et de gestion d'un cours.

Elle est disponible en 28 langues.

My campus

My campus

Catégories

- Department of Arts (0)
- Department of Economics (0)
- Department of Psychology (0)
- Medicine (0)
- Sciences (1)
- Applied sciences (0)
- Agronomy (0)
- Department of Linguistics (0)
- Department of Law (0)
- Masters in Business Administration (0)

Nom d'utilisateur

Mot de passe

Entrer

Inscription

Perdu mot de passe

Comment démarrer

Forum de support

Utilise la plate-forme Claroline ®

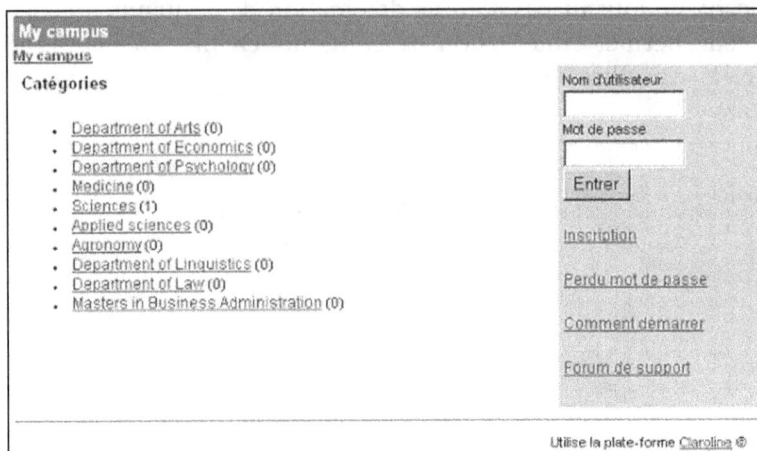

Plate-forme Claroline

Plate-forme MindOnSite Manager

En complément de MOS Generator, Integral Coaching a développé MOS Manager, plate-forme qui permet d'administrer tout contenu compatible SCORM. L'interface de la plate-forme peut être personnalisée en fonction des besoins, et habillée selon la ligne graphique de l'organisme utilisateur.

Plate-forme Elearning Manager

Elearning Manager est la plate-forme créée et distribuée par e-doceo, en complément de l'outil de création de contenus Elearning Maker.

Les outils pour former à des applications informatiques

Si votre formation porte sur le fonctionnement d'une application informatique, il existe des outils tout à fait adaptés : ces outils vous permettent de capturer des écrans de l'application, ainsi que les mouvements de la souris et les enchaînements de manipulations. Cela génère un «film» de votre activité sur l'application. Vous pouvez enrichir ce «film» avec des bulles d'explication, des commentaires audio, avec des zones d'interactivité et des évaluations. Vous avez alors créé une simulation interactive de votre application informatique.

Vous avez à votre disposition les outils suivants :

• Captivate (anciennement RoboDemo) distribué par Adobe.

• Viewlet Builder, distribué par Formastore.

• TurboDemo, distribué par TurboDemo.

• CamStudio, logiciel libre et gratuit, téléchargeable sur le site de framasoft.

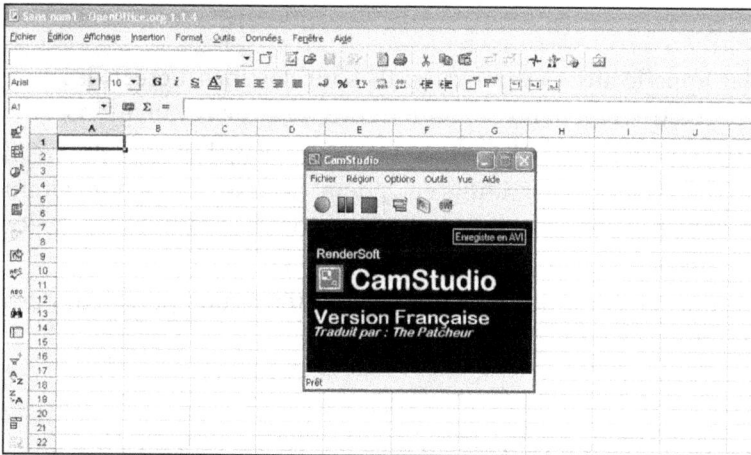

CamStudio, prêt à capturer les actions faites dans OpenOffice.org

Les outils pour formateurs familiarisés avec PowerPoint

Les formateurs qui ont l'habitude d'utiliser PowerPoint pour réaliser des présentations peuvent créer des cours en ligne : il existe des outils qui transforment les diapositives PowerPoint en des petits fichiers au format Flash, facilement lisibles par un navigateur web, et compatibles SCORM. Ces outils offrent la possibilité d'enrichir le cours en intégrant des fichiers audio, des animations, de l'interactivité.

Voici deux outils permettant de construire un cours avec PowerPoint :

• Le logiciel Articulate Presenter distribué par Distrisoft.

• Le logiciel Speechi! distribué par Speechi.

AVOIR RECOURS AUX LOGICIELS DE CRÉATION D'EXERCICES INTERACTIFS

On les appelle aussi exerciseurs. Ils sont destinés à créer des exercices interactifs, à générer facilement des quiz, des évaluations.

Le secteur éducatif a développé de nombreux logiciels de création d'exercices interactifs, gratuits en général pour un usage non commercial. Vous trouverez une liste importante de ces produits sur le site de Onlineformapro.

Voici une sélection de deux produits, intéressants pour leurs possibilités et leur facilité d'utilisation.

Hot Potatoes

Ce logiciel a été créé par Half Baked Software et l'université Victoria (Canada). Il est gratuit pour un usage éducatif sans but lucratif. Il est téléchargeable sur le site dédié : hotpot.uvic.com.

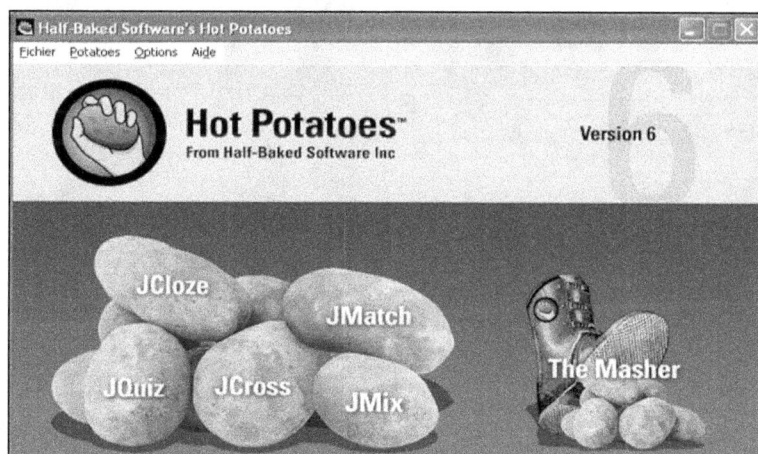

Écran d'accueil Hot Potatoes

Il permet de créer très facilement des QCM, des interactions à réponse ouverte courte, des exercices à trous, des appariements, des tris, et propose également une fonction génération de mots croisés. Pour chacun de ces types d'interaction, il propose un modèle d'exercice, dans lequel vous saisissez vos propres données : le texte de la question, les différentes réponses possibles, les commentaires. Il est possible d'intégrer des images, du son et des séquences vidéo.

À noter l'existence d'un logiciel de type « plate-forme » simplifiée, destiné à la gestion des exercices créés avec Hot Potatoes. Le serveur Séquane, diffusé en logiciel libre sur le site Sequane, permet la gestion des accès élèves, la sauvegarde des résultats et leur consultation par matière, par élève, ou par classe.

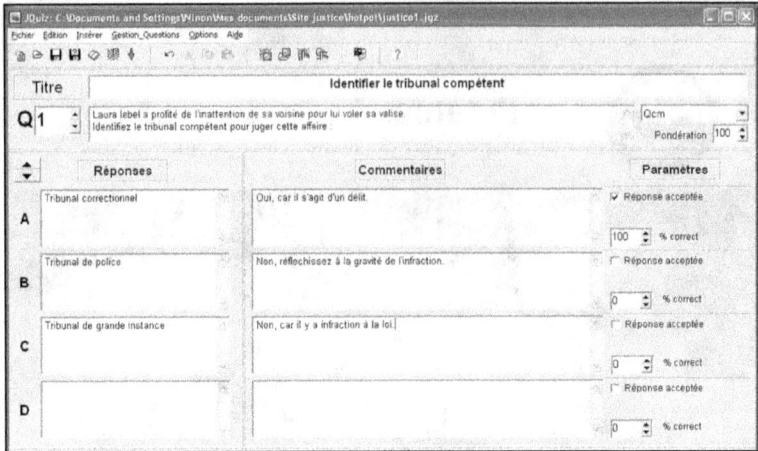

Écran de saisie d'une QCM avec Hot Potatoes

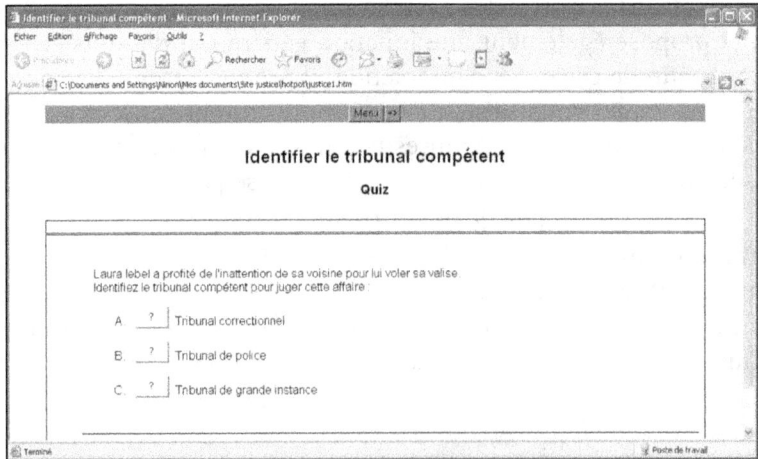

Affichage de la QCM générée avec Hot Potatoes

Le besoin était réel : un autre logiciel aux fonctionnalités similaires vient de faire son apparition : Stock Potatoes.

Netquiz

Netquiz est un logiciel gratuit, développé par le Centre collégial de développement de matériel didactique (Canada).

Il propose neuf modèles de questions : question à choix multiples, question à réponses multiples, question de type Vrai/Faux, question ouverte avec un champ à compléter, question ouverte sous la forme d'un texte à trous, un modèle dicté avec l'utilisation d'un fichier son, appariement/association avec des expressions à relier, appariement/association avec des éléments à placer dans une image, ordonnancement.

Vous entrez questions, réponses et commentaires très facilement dans les différentes rubriques. Netquiz génère alors les pages du quizz. En tant qu'auteur, vous pouvez paramétrer différentes fonctionnalités, notamment afficher les questions dans un ordre aléatoire, offrir la possibilité à l'élève de demander la solution, transmettre les résultats de l'élève par courrier électronique. Il est possible d'intégrer des images, du son, des séquences vidéo.

Voici, par exemple, l'écran permettant la saisie des paramètres d'une QCM :

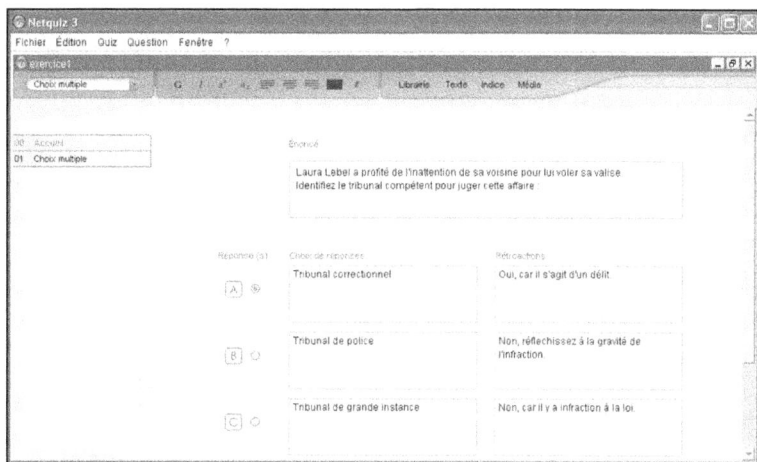

Écran de saisie d'une QCM avec Netquiz

La fonction Fichier – Enregistrer au format HTML crée alors la page web :

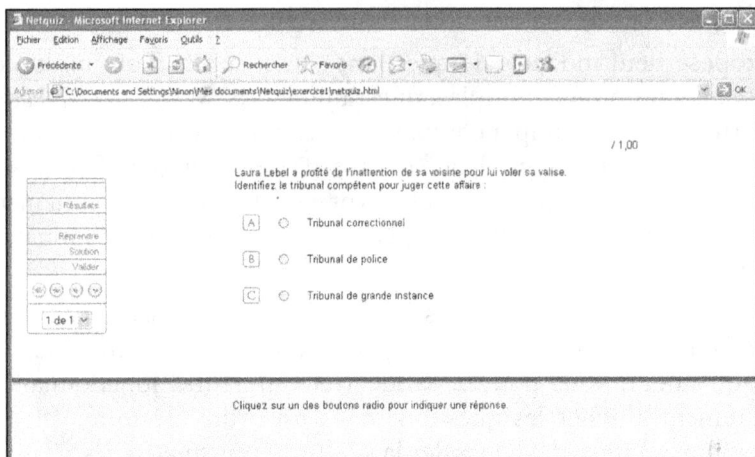

Affichage de la QCM générée avec Netquiz

S'APPUYER SUR DES LOGICIELS DE CRÉATION DE PAGES WEB

Bien qu'ils ne soient pas spécifiquement destinés à la création d'un cours en ligne, les logiciels dits « classiques » de création de pages web peuvent être choisis pour le développement. Grâce à la technique des liens, vous avez la possibilité de réaliser des activités interactives. Vous pouvez aussi ajouter à votre site des pages provenant d'autres logiciels, comme les logiciels de création d'exercices interactifs, par exemple.

Pour comprendre le fonctionnement de ces logiciels, une petite explication sur la structure d'une page web s'impose :

Une page web est un fichier, fichier que l'on reconnaît à son extension. htm ou. html. Ce fichier contient des instructions d'affichage codées en langage HTML. Le HTML est le langage historique du web. Mais il existe des pages ayant d'autres extensions, si elles sont développées avec d'autres langages (.php, .asp, par exemple).

Les instructions HTML peuvent être saisies avec n'importe quel éditeur de texte.

Exemple de fichier HTML

```
<HTML>

<HEAD>
<TITLE> Mon premier essai de page WEB </TITLE>
</HEAD>

<BODY BGCOLOR = "#CCFFCC" TEXT = "#0000FF">
<DIV ALIGN = CENTER>
<FONT COLOR = "black">
<H1> Petits exercices de math </H1>
<I><B> Diff&eacute;rents exercices pour s'entraîner </B></I>
</FONT>
<IMG SRC = "docu.gif">
</DIV>

<BR>
<HR ALIGN = CENTER>
<BIG>
Grace &agrave; plusieurs exercices, vous allez pouvoir
vous <B> entrainer </B> &agrave; :
<UL>
<LI> calculer un prix apr&egrave; s r&eacute;duction
<LI> calculer un prix TTC &agrave; partir du prix HT
</UL>
</BIG>

<HR ALIGN = CENTER>
<A HREF = "exerc1.htm"> Commencer les exercices </A>
</BODY>
</HTML>
```

Et voici comment s'affiche ce fichier HTML quand on le lance avec un navigateur :

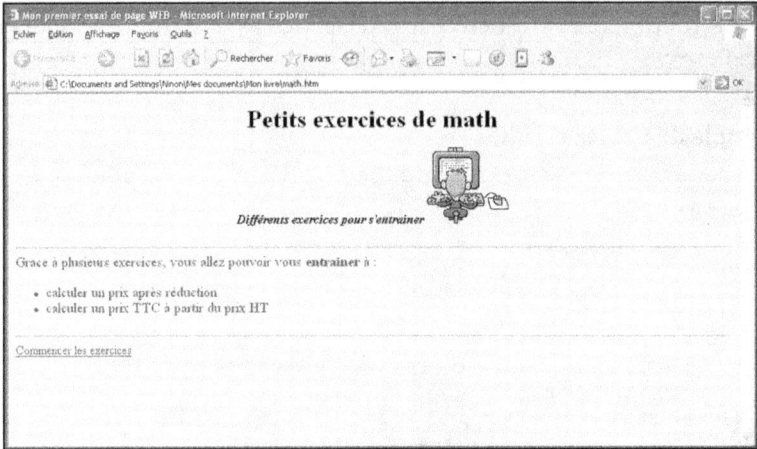

Il existe de nombreux logiciels de création de pages web, que l'on peut classer en deux grandes catégories :

• Des éditeurs HTML, qui facilitent la saisie du langage HTML, mais qui requièrent une bonne maîtrise du HTML, voire d'autres langages du web.

• Des logiciels de type WYSIWYG (*what you see is what you get*), où vous saisissez à l'écran ce que verra l'utilisateur.

Cette dernière catégorie de logiciels ne nécessite pas de connaissance du langage HTML, car vous composez votre page à l'écran comme l'utilisateur la verra avec son navigateur. Vous utilisez des fonctions qui ressemblent à celles d'un logiciel de traitement de texte, et d'autres qui sont spécifiques à la création de pages web. D'ailleurs, les logiciels de traitement de textes permettent en général la conversion de documents texte en pages web.

Si vous avez l'habitude d'utiliser le traitement de texte Microsoft Word, vous pourrez très facilement composer un document contenant textes, images, tableaux et liens, et l'enregistrer au format HTML. C'est une méthode très simple de création de pages web.

Des logiciels de création de pages web Wysiwyg

Il existe une multitude de logiciels de création de pages web, je me bornerai ici à citer KompoZer, et Dreamweaver.

Création de pages web avec KompoZer

Le logiciel KompoZer (anciennement Nvu) est à la fois simple d'utilisation pour les débutants et complet pour les utilisateurs avertis. Il présente le grand avantage d'être gratuit pour un usage non commercial.

Création de pages web avec Dreamweaver

Dreamweaver, d'Adobe, est la référence dans le domaine de la création de sites, c'est un excellent logiciel utilisé par de nombreux professionnels. Son inconvénient est son coût élevé, mais un tarif spécial éducation est proposé.

De plus, il existe une extension gratuite de Dreamweaver (en anglais, mais qui peut s'installer sur une version française de Dreamweaver), elle permet de créer facilement des exercices interactifs dans les pages, avec la possibilité de mesurer les performances de l'élève (durée, nombre d'essais, score obtenu). Cette extension s'appelle Coursebuilder, elle est téléchargeable sur le site d'Adobe (adresse directe au chapitre 8 Webographie).

Les écrans suivants illustrent la saisie d'une QCM dans Dreamweaver et Coursebuilder.

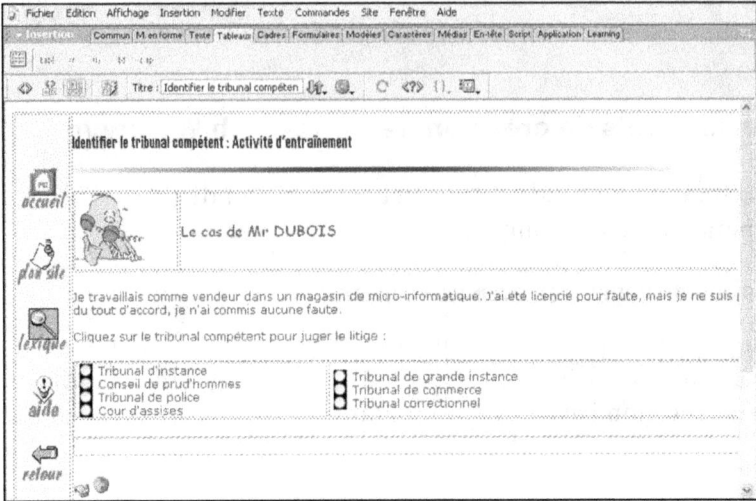

Écran de mise en page dans Dreamweaver

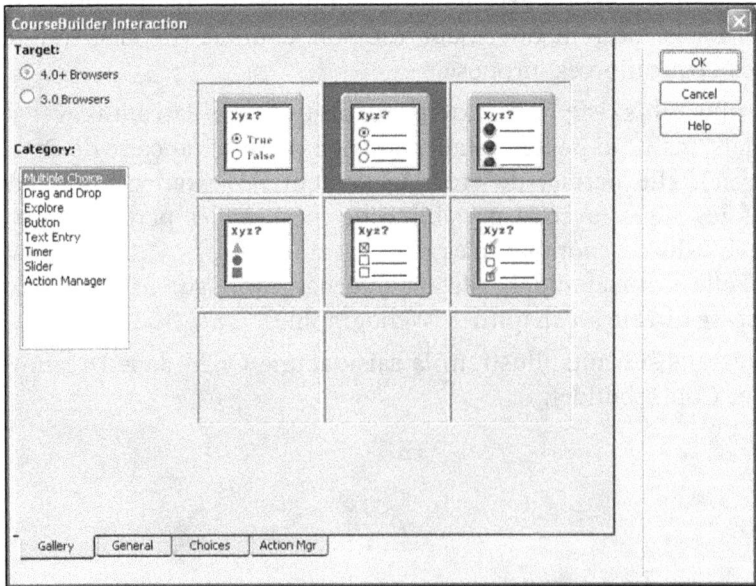

Choix de l'interaction de type QCM : Multiple Choice

CourseBuilder Interaction

Interaction Name: P1AE2A

Question Text: Cliquez sur le tribunal compétent pour juger le litige :

OK
Cancel
Help

Judge Interaction:
○ when the user clicks a button labeled
◉ when the user clicks a choice
○ on a specific event (set using the Judge Interaction Behavior)

Correct When: Any Correct and None Incorrect ▾

Knowledge Track: ☐ Send results to a management system if present

Tries Are: Unlimited ▾ ____ tries

Time Is: Unlimited ▾ ____ seconds after page text is loaded

Reset: ☐ Create a Reset button

Layer: ☐ Insert in a layer (4.0+ browsers only)

Gallery | General | Choices | Action Mgr

Saisie de la question et des paramètres de validation de la réponse

CourseBuilder Interaction

Add | Delete | Up | Down

Choices:
choix1 (incorrect)
choix2 (correct)
choix3 (incorrect)
choix4 (incorrect)

OK
Cancel
Help

Choice Options

Name: choix4

Text (optional): Cour d'assises

Image File (optional): ____ Browse ...

☑ Place before text

Choice Is: Incorrect ▾ Score: 0

Gallery | General | Choices | Action Mgr

Saisie des différents choix possibles

UTILISER DES LOGICIELS DE CRÉATION ET DE RETOUCHE D'IMAGE

Dans un site web, les images affichées dans les pages, tout comme les animations, les sons et les vidéos sont des fichiers distincts. Si vous regardez la liste des fichiers d'un site web, vous reconnaîtrez les fichiers image à leur extension .gif ou .jpg.

Pour créer vos propres images, ou modifier des images existantes, vous devez utiliser un logiciel de création et de retouche d'image. Ces images seront converties dans un des deux formats lisibles par un navigateur web : . gif ou .jpg.

Voici une sélection :

• Photoshop, la référence professionnelle, distribué par Adobe.

• Paint Shop Pro, distribué par Corel.

• The GIMP, un logiciel libre, gratuit.

• Photofiltre, un logiciel gratuit pour un usage éducatif, non commercial.

FINIR PAR LA PHASE DE TESTS

Lorsque votre cours en ligne est réalisé techniquement, il est nécessaire de pratiquer des tests avant sa diffusion et son utilisation. Il faut vérifier sa qualité : si le cours en ligne n'est pas jugé satisfaisant, il ne sera pas utilisé, ou peu utilisé, il aura une image négative. Il est plus difficile de modifier un produit après sa diffusion.

Même si les tests prennent un temps important, c'est une phase-clé dans la création d'un cours en ligne.

Différents types de tests doivent être pratiqués :

• Des tests de fonctionnalité, pour vérifier que le cours en ligne fonctionne selon les spécifications techniques prévues.

- Des tests d'ergonomie, qui contrôlent la facilité d'utilisation du cours en ligne.
- Des tests de qualité pédagogique.

Le groupe pilote chargé d'effectuer les tests sera composé de l'équipe de conception, et d'un groupe d'élèves représentatif du public cible.

Une grille d'évaluation, élaborée par l'équipe de conception va servir à recueillir tous les avis, les remarques, les résultats de ces tests.

Voici un panorama de différentes questions à intégrer dans la grille d'évaluation. Elles sont bien sûr à adapter aux spécificités du produit. Il convient également d'y ajouter des questions ouvertes pour préciser les points qui posent problème.

Tests de fonctionnalité

Y a-t-il eu des difficultés d'ordre technique qui ont rendu compliqué, pénible, ou impossible l'apprentissage ?

- Absence de carte son ou de carte vidéo.
- Fonctionnement défectueux des appareils.
- Lenteur d'affichage des pages.

Le produit fonctionne-t-il correctement dans différents environnements techniques (compatibilité) susceptibles d'être utilisés par les élèves ?

- Tests sur les différentes configurations d'ordinateur.
- Tests sur les différents systèmes d'exploitation, sur les différents navigateurs web.

Tous les cheminements prévus dans le cours fonctionnent-ils comme ils sont censés le faire ?

Des jeux de tests doivent être pratiqués : il s'agit de parcourir le cours par tous ses cheminements possibles, afin de détecter les éventuelles erreurs de programmation. Exemples :

- Lien vers une page inexistante.
- Icône de navigation menant ailleurs que prévu.
- Commentaire faux sur une réponse correcte.

Tests d'ergonomie

Navigation dans le produit

Avez-vous des difficultés à vous retrouver dans les différentes parties et les différents parcours proposés ?

Les icônes ou menus sont-ils faciles à comprendre et à mémoriser ?

Pouvez-vous aller facilement là où vous le souhaitez ?

Pouvez-vous quitter le cours quand vous le voulez ?

Pouvez-vous reprendre le cours là où vous l'avez quitté ?

Avez-vous été bloqué dans votre parcours, sans pouvoir vous « échapper » ?

Avez-vous le contrôle du rythme d'apprentissage ? (contrôle du passage d'une page à l'autre, d'une étape à l'autre dans une animation, possibilité de revoir une explication, une animation, une séquence vidéo).

Présentation du contenu

Les pages sont-elles agréables à regarder ? (utilisation des couleurs, densité du contenu, techniques de mise en évidence).

Les images et les animations sont-elles utiles ou perturbantes ?

Les sons sont-ils utiles ou perturbants ?

Aide à l'utilisation du produit

Les instructions d'utilisation du produit sont-elles claires et suffisantes ?

Les consignes pour réaliser les activités sont-elles claires ?

Les aides fournies sont-elles utiles, claires, suffisantes ?

L'appui du tuteur est-il nécessaire, utile, adapté aux conditions d'utilisation (selon le mode de communication) ?

Tests de qualité pédagogique

Objectifs et public cible

Les objectifs pédagogiques sont-ils clairement définis?

Des évaluations sont-elles prévues pour vérifier l'atteinte des objectifs?

Le public visé et les prérequis nécessaires sont-ils indiqués?

Le niveau de difficulté est-il adapté au public cible (vocabulaire et complexité des phrases, choix des exemples)?

Qualité des activités

Les activités proposées rendent-elles l'apprentissage agréable?

Les activités proposées sont-elles adaptées à l'objectif?

Les activités proposées sont-elles en nombre suffisant?

Les activités proposées sont-elles suffisamment variées, ou monotones?

Des aides et explications sont-elles disponibles au moment voulu?

Commentaires fournis

Les commentaires sont-ils pertinents, face à la réponse donnée?

Des commentaires vous semblent-ils péjoratifs?

Les commentaires donnent-ils les explications nécessaires pour comprendre son erreur?

Les commentaires interviennent-ils au bon moment?

Qualité du contenu

L'information donnée est-elle exacte?

L'information donnée est-elle à jour?

Les textes contiennent-ils des fautes de grammaire, des fautes d'orthographe, des fautes de syntaxe?

BILAN D'ÉTAPE

Les tests ont permis de corriger les dysfonctionnements du cours en ligne. Assurez-vous tout de même que les corrections apportées n'ont pas engendré de nouveaux problèmes.

Votre cours peut maintenant être diffusé !

- Mais n'oubliez pas qu'un cours en ligne est un produit vivant, pensez à sa maintenance :
- Corrections des erreurs résiduelles, toujours possibles même après les tests.
- Mises à jour des contenus.

TROISIÈME PARTIE

LES AIDES DISPONIBLES EN TOUTE LÉGALITÉ

▓ Respecter les règles du droit

Internet n'est pas un domaine libre de tout droit, il est concerné par des règles juridiques liées notamment au droit d'auteur, au respect du droit à l'image.

UTILISER DES RESSOURCES CRÉÉES PAR D'AUTRES

Un site web est une création constituée d'éléments de nature diverse : textes, sons, photographies, graphismes, vidéo. À partir du moment où vous intégrez dans votre site des éléments créés par d'autres personnes que vous, vous devez savoir **si vous en avez le droit.**

Une œuvre est protégée par le droit d'auteur, du seul fait de sa création. Nul besoin de procéder à une inscription ou à une déclaration particulière, le droit d'auteur s'applique dès qu'une personne crée une œuvre originale. Le Code de la propriété intellectuelle décrit l'ensemble des droits attribués à l'auteur d'une œuvre :

• des droits moraux, éternels, qui interdisent de porter atteinte à la forme ou à l'esprit de l'œuvre sans le consentement de l'auteur, qui donnent droit à celui-ci de voir son nom associé à l'œuvre ;

• des droits patrimoniaux, qui sont essentiellement le droit de représentation et de reproduction de l'œuvre.

En France et dans l'Union européenne, les droits patrimoniaux s'appliquent jusqu'à soixante-dix ans après le décès de l'auteur. Au-delà, l'œuvre devient «libre de droit», elle peut être représentée et reproduite librement.

Le droit de représentation consiste à communiquer l'œuvre au public par un procédé quelconque.

Reproduire une œuvre consiste à la fixer sur un support selon différents procédés : impression, photographie, film, numérisation…

Obtenir l'autorisation expresse du titulaire du droit d'auteur

Par exemple, une photographie qui est disponible sur support imprimé (revue, carte postale, livre…), sur cédérom ou sur Internet, est une œuvre protégée par le droit d'auteur, du seul fait de sa création et de son originalité. Vous ne pouvez donc pas l'intégrer dans votre site web sans avoir obtenu l'autorisation expresse de l'auteur, ou du détenteur de ce droit (héritier, gestionnaire de ce droit). Si vous diffusez une œuvre sans autorisation, cela constitue un acte de contrefaçon.

Pour éviter toute condamnation, identifiez le titulaire du droit d'auteur, et demandez-lui une autorisation écrite pour la mise en ligne de son œuvre sur votre site web. Précisez bien l'usage qui en sera fait (usage privé, éducatif, commercial).

Ce droit est généralement soumis à une rémunération de l'auteur.

Attention : la demande d'autorisation doit être très claire quant aux usages et supports concernés. Tout changement d'usage ou de support (papier ou site web par exemple) nécessite une nouvelle autorisation.

Utiliser certaines œuvres qui peuvent être diffusées sans accord exprès de l'auteur

Nous venons de voir que les œuvres deviennent libres de droit soixante-dix ans après le décès de leur auteur. Mais il existe d'autres cas où l'accord de l'auteur n'est pas nécessaire.

La courte citation

La diffusion d'une courte citation extraite d'un texte est autorisée, elle doit mentionner le nom de l'auteur et les références de l'œuvre. Cette courte citation doit être intégrée dans un développement rédigé.

Différents documents administratifs

Les actes officiels (lois, décrets, circulaires, décisions de justice…) sont libres de droit, ainsi que les plans comptables, les bulletins officiels ministériels, les sujets d'examens organisés par l'État. Les corrigés des sujets d'examen, en revanche, ne le sont pas.

Des œuvres protégées dont la reproduction est autorisée

Ce sont les sommaires de revues ou de livres, les listes bibliographiques annexées à une publication, les résumés et les biographies succincts sur la jaquette d'un livre.

Respecter le droit des auteurs d'œuvres d'art et de bâtiments publics

Si vous souhaitez intégrer une photographie représentant une œuvre d'art, ou un bâtiment public, l'autorisation de l'auteur de la photographie ne suffit pas. Cela nécessite également l'autorisation de l'auteur de l'œuvre d'art, ou de l'architecte du bâtiment public, si ce bâtiment présente un caractère original. Cette autorisation n'est plus nécessaire soixante-dix ans après le décès de l'auteur.

RESPECTER LE DROIT À L'IMAGE DES PERSONNES

Toute personne, qu'elle soit connue ou non, dispose sur son image et sur l'utilisation qui en est faite d'un droit exclusif, elle peut donc s'opposer à la diffusion et à la reproduction de son image.

Obtenir l'autorisation des personnes présentes sur une photographie

Il faut obtenir, avant la mise en ligne de la photographie, l'autorisation de la personne, ou des personnes, qui y figurent.

Si la photographie a été prise dans un lieu public, vous devez obtenir l'autorisation des personnes qui sont reconnaissables.

Attention : si une personne a autorisé la publication d'une photographie la représentant dans une première publication (dans un journal imprimé par exemple), cela ne vous donne pas l'autorisation de diffuser cette photographie sur un autre support (par exemple dans un site web).

Cas exceptionnel du droit à l'information

Ce caractère exclusif du droit à l'image peut être limité pour favoriser la liberté de la presse et le droit à l'information :

Les personnages publics ou célèbres peuvent voir leur image diffusée, dans l'exercice de leur fonction ou de leur activité professionnelle, dans un but d'information ou de travail historique. L'autorisation individuelle n'est alors pas nécessaire. La dignité humaine doit bien sûr être respectée.

Si la photographie que vous souhaitez diffuser sur votre site représente des enfants, l'autorisation des deux parents est nécessaire.

Cas des photographies représentant les biens d'une personne

Seul le propriétaire d'un bien a le droit de décider si l'image de son bien peut être diffusée sur un site.

ÉTABLIR DES LIENS VERS D'AUTRES SITES

L'établissement de liens hypertexte de votre site vers d'autres sites est libre. C'est le principe même du fonctionnement d'Internet. Cependant, certains sites émettent le souhait de ne pas être lié, ce qui doit être respecté.

De plus, il faut éviter l'établissement de liens donnant l'impression que l'internaute se trouve toujours à l'intérieur de votre site. Cela peut être le cas lorsque le lien ne pointe pas sur la page d'accueil du site, mais directement sur une page de contenu, ou même sur un document téléchargeable. C'est ce qu'on appelle un « lien profond ».

Conseils : toujours référencer clairement le lien vers le site visité. S'il s'agit d'un lien profond, référencer également la page d'accueil du site, pour bien montrer qu'on ne cherche pas à s'approprier celui-ci.

L'établissement de liens vers des sites illégaux ou illicites peut évidemment entraîner une condamnation en fonction des lois actives dans son pays.

S'ACQUITTER DES OBLIGATIONS LIÉES À LA MISE EN LIGNE D'UN SITE WEB

Déclarer le site

Jusqu'au 1er août 2000, un site web était considéré comme un service de communication audiovisuelle, et devait être déclaré au CSA (Conseil Supérieur de l'Audiovisuel). Cette obligation est supprimée depuis le 1er août 2000.

Déclarer le site auprès de la CNIL

Si votre site web collecte des informations nominatives, vous devez effectuer une déclaration auprès de la CNIL (Commission Nationale Informatique et Libertés). Cette déclaration, relative au traitement automatisé des données, peut se faire en ligne, sur le site de la CNIL, ou par téléchargement du formulaire papier.

Les internautes doivent également être prévenus de l'existence de ce traitement de données et de leurs droits : droits d'accès et de rectification aux informations les concernant.

Une information nominative est une information relative à une personne physique, qui permet d'identifier celle-ci : numéro de téléphone, adresse postale, ou adresse électronique.

Communiquer certaines informations obligatoires

Un site web professionnel doit communiquer aux internautes différentes informations :

- le nom du directeur de publication, qui est responsable des informations contenues dans le site ;
- pour une société, sa dénomination, le siège social et le nom du représentant légal ;

- le récépissé de la CNIL, en cas de collecte d'informations nominatives.

Ces informations ne sont pas obligatoires pour les sites non professionnels, mais le créateur d'un tel site doit communiquer à l'hébergeur les informations permettant de l'identifier.

8 S'informer sur le web : Webographie utile

SITES D'INFORMATIONS SUR LE E-LEARNING

La liste des sites présentés n'est pas exhaustive, il s'agit d'une sélection de sites qui proposent une quantité appréciable d'informations sur le e-learning. Des liens indiqués dans ces sites vous emmènent vers des sources d'informations supplémentaires. Vous trouverez ces liens sur mon site : http://www.adformatique.com.

Educnet

Adresse : http://www.educnet.education.fr/dossier/eformation/default.htm

Educnet est le site de l'Éducation nationale consacré aux technologies de l'information dans l'éducation. La rubrique E-formation propose de nombreuses informations sur le e-learning, des définitions et des explications très complètes. La rubrique « Quoi de neuf ? » est régulièrement actualisée.

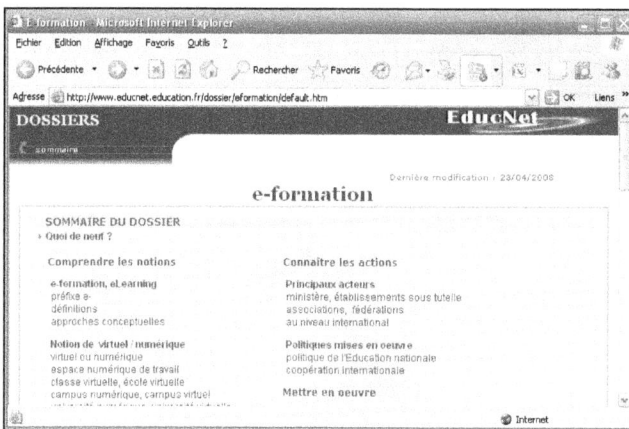

Site d'Educnet

Forum français de la formation ouverte et à distance

Adresse : http://www.fffod.org

Le FFOD est une association dont les membres sont impliqués dans la formation (centres de formation publics et privés, éditeurs, associations professionnelles…). Il a pour objet d'informer ses membres sur l'évolution de la formation ouverte et à distance, ainsi que sur celle du multimédia éducatif.

Le site met à la disposition des internautes différentes informations en rapport avec la formation ouverte et à distance et plus particulièrement le e-learning.

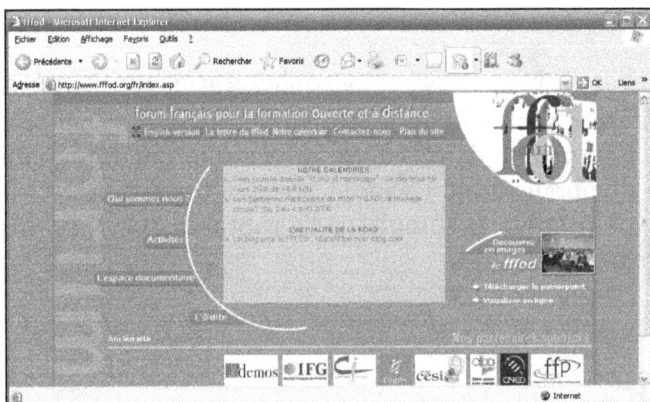

Site du Forum français de la formation ouverte et à distance

Onlineformapro

Adresse : http://www.onlineformapro.com/espaces/formateur/

Onlineformapro est une société proposant des prestations en rapport avec le e-learning : distribution d'outils et de formations, développement de contenus sur mesure, conseils en e-learning.

Le site comporte un espace formateurs, avec des ressources, des conseils, des présentations d'outils.

Site d'Onlineformapro

Le Préau

Adresse : http://www.preau.ccip.fr

Le Préau est un centre de ressources et d'accompagnement pour la mise en œuvre des technologies de l'information et de la communication dans l'éducation et la formation. Il a été créé en 1997 par la Chambre de Commerce et d'Industrie de Paris.

Il propose sur son site des ressources documentaires, des informations et actualités, il réalise des études sur des questions ayant trait au e-learning.

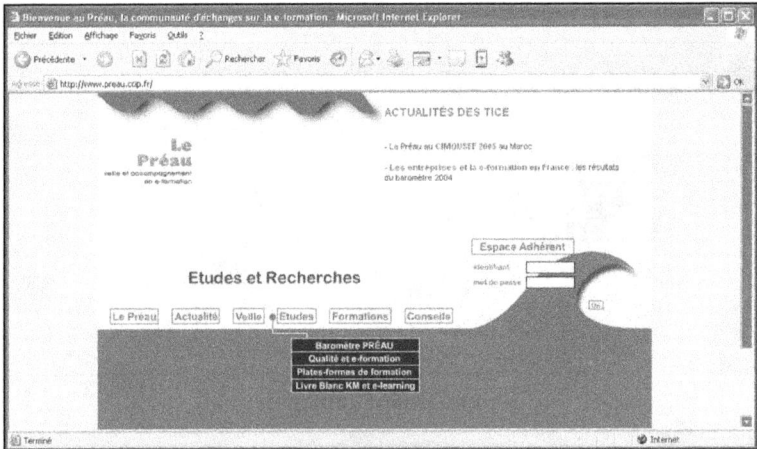

Site du Préau

Thot Cursus

Adresse : http://thot.cursus.edu

Thot est une entreprise à but non lucratif, propriété de l'Institut de formation autochtone du Québec (Canada). L'Agence intergouvernementale de la francophonie lui apporte son soutien pour la promotion de l'éducation et de l'utilisation de la formation à distance francophone. Thot compte aujourd'hui un réseau de collaborateurs dans sept pays.

Le site présente chaque semaine l'essentiel des productions, cours, outils, théories, pratiques, événements, débats et acteurs de la formation à distance.

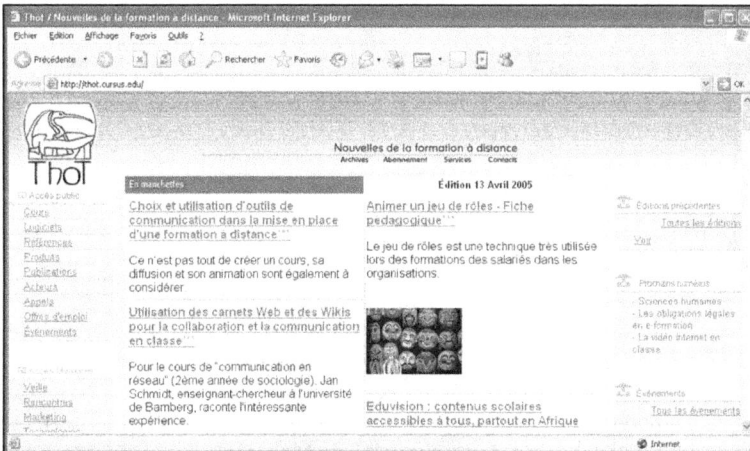

Site de Thot Cursus

SITES SUR LA CONCEPTION DE COURS EN LIGNE

Production d'un cours de formation à distance par l'université de Montréal

Adresse : http://www.formationadistance.umontreal.ca/production/

Ce site, réalisé par l'université de Montréal (Canada) propose une démarche éprouvée pour la production d'un cours à distance, qui peut être un cours en ligne. Il détaille et explique les différentes étapes de planification et d'édition.

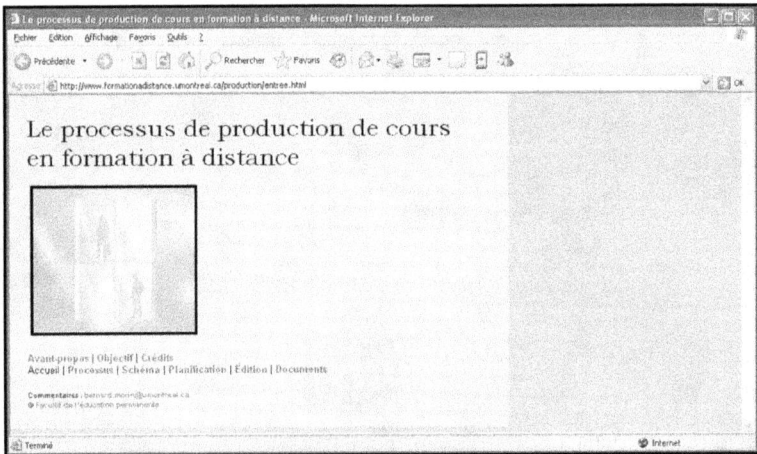

Site de l'université de Montréal

Conception d'un produit pédagogique multimédia interactif par l'université de Derby

Adresse : http://mediamatch.derby.ac.uk/french/overview/default.htm

Il s'agit d'un cours, produit par l'université de Derby (Royaume-Uni), destiné aux enseignants, sur la conception d'un produit pédagogique multimédia interactif.

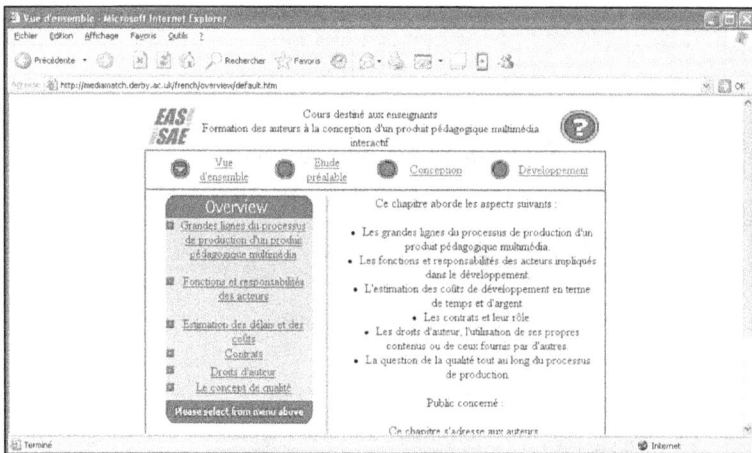

Site de l'université de Derby

Guide de conception d'un site web éducatif par l'université de Laval

Adresse : http://aptic.ulaval.ca/guidew3educatif/

Il s'agit d'un site qui explique comment concevoir un cours en ligne, dans ses aspects pédagogiques et graphiques.

Ce guide a été réalisé par une équipe de spécialistes de l'université de Laval (Canada), qui le mettent régulièrement à jour, au fur et à mesure du développement des technologies.

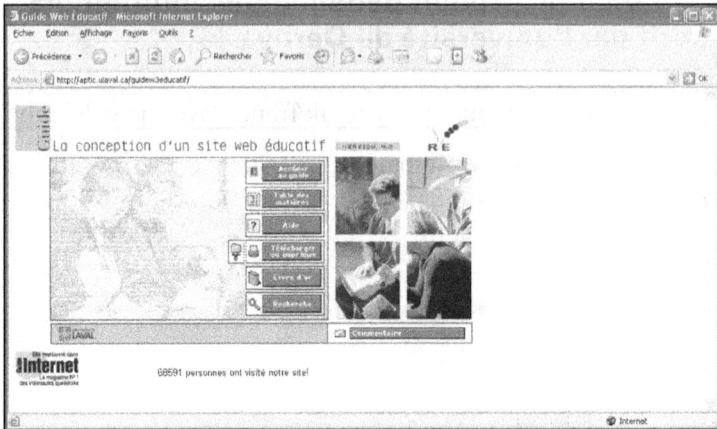

Site de l'université de Laval

SITES SUR LES OUTILS DE CRÉATION DE CONTENUS

Adobe

Adresse : http://www.adobe.com/fr/

Distributeur de logiciels, notamment Captivate (outil pour former à des applications informatiques), Photoshop (création et retouche d'images) et Dreamweaver (création de pages web).

Téléchargement de l'extension gratuite Coursebuilder, à la rubrique Télécharger – Exchange – Exchanges by product : Dreamweaver – Browse by categories : Extension Development – Coursebuilder

Corel

Adresse : http://www.corel.com/fr

Distributeur de Paint Shop Pro.

Distrisoft

Adresse : http://www.distrisoft.fr
Distributeur du logiciel Articulate Presenter (outil de développement avec PowerPoint).

E-doceo

Adresse : http://www.e-doceo.net
Créateur et distributeur des logiciels de la gamme Elearning (outil de création de contenus et plate-forme).

Edu-Performance

Adresse : http://www.eduperformance.com
Créateur et distributeur du logiciel Tactic! (outil de création de contenus).

Formastore

Adresse : http://www.formastore.fr
Distributeur en France des logiciels MindOnSite (outil de création de contenus et plate-forme) et Viewlet Builder (outil pour former à des applications informatiques).

Framasoft

Adresse : http://www.framasoft.net
Site de téléchargement de logiciels libres, notamment
• CamStudio ⇨ outil pour former à des applications informatiques (http://www.framasoft.net/article1045.html).

- KompoZer (http://www.framasoft.net/article2243.html).
- The Gimp ⇨ création et retouche d'images
(http://www.framasoft.net/article1054.html).

Hot Potatoes

Adresse : http://hotpot.uvic.ca/ (rubrique Downloads)
Site de téléchargement du logiciel gratuit Hot Potatoes (création d'exercices interactifs).

HyperOffice

Adresse : http://www.hyperoffice.fr
Créateur et distributeur de l'atelier HyperOffice (outil de création de contenus).

Integral Coaching

Adresse : http://www.integral-coaching.ch
Créateur des logiciels de la gamme MindOnSite (outil de création de contenus et plate-forme).

Netquiz

Adresse : http://www.ccdmd.qc.ca/ri/netquiz
Site de présentation et de téléchargement du logiciel gratuit Netquiz (création d'exercices interactifs).

Photofiltre

Adresse : http://www.photofiltre.com
Site de présentation et de téléchargement du logiciel gratuit Photofiltre (création et retouche d'image).

Sequane

Adresse : http://www.sequane.com/
Site de présentation et de téléchargement du logiciel libre Sequane
(pour Hot Potatoes).

Speechi

Adresse : http://www.speechi.net/fr/
Créateur et distributeur des logiciels Speechi !

Stock Potatoes

Adresse : http://www.etab.ac-caen.fr/bsauveur/stockpotatoes/
Adresse de présentation et de téléchargement du logiciel Stock Potatoes (pour Hot Potatoes).

TurboDemo

Adresse : http://www.turbodemo.com
Distributeur de la gamme de logiciels TurboDemo (outils pour former à des applications informatiques par captures animées des
écrans).

SITES SUR LES PLATES-FORMES

Anéma Formation

Adresse : http://www.anema-formation.fr
Créateur de la plate-forme Ganesha, téléchargeable sur le site.

Claroline

Adresse : http://www.claroline.net
Site de présentation et de téléchargement de la plate-forme Claroline.

SITES SUR LE DROIT ET INTERNET

Commission nationale de l'informatique et des libertés (CNIL)

Adresse : http://www.cnil.fr

Forum des droits sur l'internet

Adresse : http://www.foruminternet.org
Le forum des droits sur l'internet est une association fondée à l'initiative du Premier ministre en 2001. Il constitue une importante ressource de textes officiels, d'actualités et de fiches pratiques sur le sujet.

Juriscom.net

Adresse : http://www.juriscom.net

Juriscom.net est un site spécialisé dans le droit des technologies de l'information. Il publie régulièrement les articles, mémoires, débats de juristes, universitaires ou professionnels.

Lexique

Arborescence : Structure en forme d'arbre qui permet de décrire les cheminements possibles dans un site web.

Asynchrone : Modalité d'échange d'informations en différé. L'envoi du message et sa réception ne se font pas au même moment.

Autoformation : Mode d'apprentissage individuel qui permet à un élève d'apprendre à son rythme, en utilisant les ressources mises à sa disposition. Il existe bien sûr d'autres situations d'autoformation que celle où un élève travaille face à un écran.

Campus virtuel : Site web destiné à une communauté d'apprenants, mettant à la disposition de ceux-ci des ressources pédagogiques et des outils de communication.

Chat (causette en français) : Service permettant d'échanger en temps réel avec des personnes connectées au même moment, en écrivant au clavier. Les messages s'affichent sur l'écran de chaque participant, au fur et à mesure des contributions de chacun.

Classe virtuelle : Simulation en temps réel du fonctionnement d'une classe. Les participants, éloignés géographiquement, se retrouvent à un moment précis, pour communiquer à travers internet, grâce à des outils synchrones spécialisés : audioconférence, vidéoconférence, tableau électronique...

Courrier électronique : Outil grâce auquel un utilisateur, muni d'une adresse électronique, peut envoyer un texte à un ou plusieurs destinataires, à leur adresse électronique. L'utilisateur peut lire les messages reçus dans sa boîte aux lettres. Des fichiers peuvent être joints aux messages.

Éditeur HTML : Logiciel de création de pages web, avec lequel le créateur des pages travaille directement sur le code de la page HTML.

E-formation ou e-learning : Dispositif de formation utilisant les technologies du web.

Exerciseur : Logiciel de création d'exercices interactifs.

FAQ : Acronyme de Foire aux questions, ou Frequently Asked Questions. Pages web d'un site où sont affichées les questions les plus fréquemment posées par les internautes de ce site, et les réponses à ces questions.

Feuille de style : ou CSS pour Cascading Style Sheet. Description des paramètres de présentation des éléments d'une page (polices, couleurs, alignements par exemple). La feuille de style est généralement un fichier externe à la page web. Elle peut ainsi être utilisée pour toutes les pages d'un site. Cela assure la cohérence visuelle du site, et facilite sa mise à jour.

Flash : Logiciel créé par Macromedia, destiné à faire des animations pour le web. Un fichier Flash est très léger, son temps de chargement est donc rapide. La page web affichant une animation Flash est une page HTML faisant appel à un fichier Flash. Le plug-in (gratuit) Macromedia de lecture des fichiers Flash doit être installé sur l'ordinateur de l'utilisateur.

Formation en présentiel : Mode de formation classique en salle, dans laquelle le formateur et les élèves sont physiquement réunis.

Forum de discussion : Ensemble de pages web affichant les messages envoyés par les participants, à propos d'un centre d'intérêt commun. À la différence de la liste de discussion, où les messages sont reçus dans la boîte aux lettres de chaque participant, les messages viennent alimenter les pages web du forum. Un forum peut être accessible à tout le monde, ou filtré par un mot de passe. Il peut être contrôlé par une personne, appelée modérateur, qui filtre les messages.

GIF : Format d'image pour le web.

HTML : Acronyme de Hyper Text Markup Language, Langage Hypertexte à balises en français. Langage d'écriture des pages web. Les instructions de ce langage s'appellent des balises.

Interaction : Échange d'informations entre deux personnes, entre une personne et un ordinateur, au travers d'un logiciel.

Interactivité : Capacité qu'a un logiciel de réagir aux actions de l'utilisateur.

Internaute : Utilisateur d'internet.

Internet : Réseau mondial d'ordinateurs, qui communiquent entre eux grâce au protocole d'échanges IP (Internet Protocol).

Interopérabilité : Capacité des matériels et des logiciels à échanger des informations, ou à interagir.

Intranet : Réseau d'ordinateurs pouvant communiquer entre eux, selon les mêmes protocoles et avec les mêmes outils qu'internet (navigateur, messagerie...). L'accès est limité à un groupe de personnes (intranet d'entreprise, intranet d'établissement).

JPEG : ou JPG. Format d'image pour le web, principalement pour les photos.

Lien hypertexte : Appel et affichage d'une autre page web, qui se produit lorsque l'utilisateur clique sur une image ou un texte.

Liste de discussion : Application liée au courrier électronique. Un utilisateur, en s'abonnant à une liste de discussion, reçoit automatiquement, dans sa boîte aux lettres électronique, tous les messages envoyés à la liste par chacun des abonnés. L'avantage est de pouvoir discuter facilement autour d'un centre d'intérêt commun ; le risque est de voir sa boîte aux lettres rapidement saturée. On s'abonne à une liste de discussion en remplissant un formulaire électronique, ou en envoyant un courrier électronique au serveur de liste.

Logiciel libre : Logiciel dont le code source est public. Il peut ainsi librement être copié, diffusé et modifié.

Navigateur : Logiciel qui permet de consulter des pages web. Les navigateurs les plus répandus sont Microsoft Internet Explorer et Firefox.

Plate-forme de formation : En anglais Learning Management System (LMS). Logiciel permettant d'administrer tout un dispositif de formation (les intervenants et les contenus), diffusé sur réseau internet ou intranet.

Réseau : Ensemble d'ordinateurs connectés entre eux, pour permettre le partage d'équipements (exemple : imprimante) ou de logiciels.

SCORM : Acronyme de Sharable Content Object Reference Model. Norme qui définit un modèle de contenu de formation diffusé sur internet. Un contenu de formation respectant cette norme (Objet SCORM) pourra être réutilisé dans un autre cours, et être reconnu par une plate-forme de formation, si ceux-ci respectent cette norme. La norme SCORM est issue de deux autres normes de contenus de formation plus anciennes, AICC et IMS.

Serveur : Système informatique destiné à fournir des services à des utilisateurs connectés. *Ordinateur mettant des ressources à disposition d'autres ordinateurs.*

Site : Ensemble de pages-écran consultables à l'aide d'un navigateur web. Un site est accessible par internet, intranet ou localement. Par internet, les pages-écran se trouvent sur un serveur distant, et peuvent être consultées par tout ordinateur de la planète connecté à internet. Par intranet, les pages-écran se trouvent sur le serveur d'un réseau (réseau d'établissement, réseau d'entreprise...), et peuvent être consultées par tout ordinateur connecté à ce réseau. Localement : les pages-écran se trouvent sur le disque dur d'un ordinateur, ou sur cédérom, et peuvent être consultées par l'utilisateur de cet ordinateur.

Synchrone : Modalité d'échange d'informations en temps réel.

Téléchargement : Action qui consiste, en cliquant sur un lien, à copier sur son ordinateur des données en provenance d'autres ordinateurs.

URL : Acronyme de Uniform Ressource Locator. Adresse d'un site web.

Wysiwyg : Acronyme de l'expression anglaise What You See Is What You Get, ce qui signifie « ce que vous voyez est ce que vous obtenez ». Un logiciel dit Wysiwyg permet de composer à l'écran le résultat qui sera vu par l'utilisateur.

XML : Acronyme de eXtensive Markup Language. Successeur du langage HTML. Contrairement au HTML, il permet de séparer les données affichées de leur présentation. Il offre également la possibilité de créer de nouvelles balises.

Index